JAN VAN DER VEKEN

DAS FLUGZEUGEBUCH

Für Stella und Egon

„Lasst das Leben nicht euren Traum verschlingen.
Lebt euren Traum!“

– Antoine de Saint-Exupéry –

JAN VAN DER VEKEN

DAS FLUGZEUGEBUCH

Flugzeuge und ihre Geschichte

Aus dem Niederländischen
von Birgit Erdmann

GERSTENBERG

INHALT

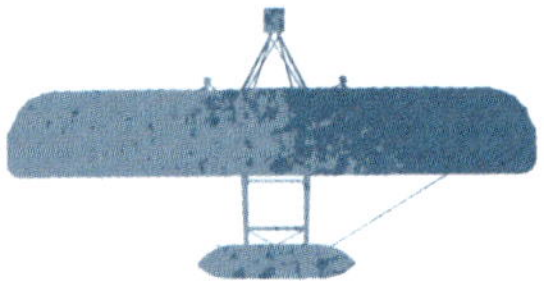

1903

WRIGHT FLYER

Höchstgeschwindigkeit: 48 km/h

Gewicht: 274 kg

Länge: 6,43 m

Spannweite: 12 m

1927

LEVASSEUR PL-8

Höchstgeschwindigkeit: 193 km/h

Gewicht: 5000 kg

Länge: 9,75 m

Spannweite: 15 m

1934

RENAUD CAUDRON C-460

Höchstgeschwindigkeit: 500 km/h

Gewicht: 590 kg

Länge: 7,11 m

Spannweite: 6,75 m

1936

DFS HABICHT

Höchstgeschwindigkeit: 250 km/h

Gewicht: 350 kg

Länge: 6,58 m

Spannweite: 13,60 m

1941

LOCKHEED P-38

Höchstgeschwindigkeit: 666 km/h

Gewicht: 7940 kg

Länge: 11,53 m

Spannweite: 15,85 m

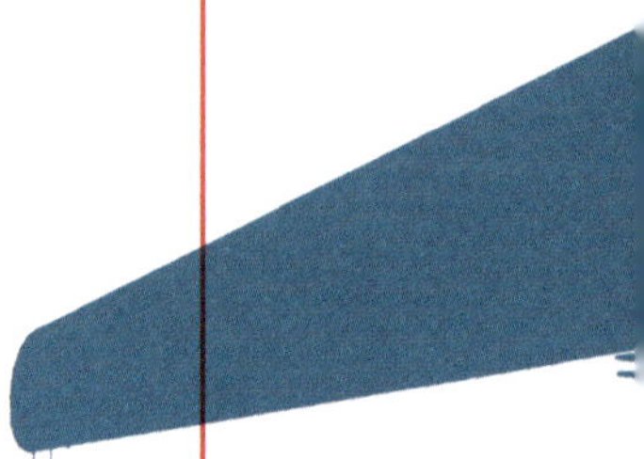

1946

NORTHROP YB-35

chstgeschwindigkeit: 632 km/h

Gewicht: 81 647 kg

Länge: 16,20 m

Spannweite: 52,20 m

1959

NORTH AMERICAN-15

Höchstgeschwindigkeit: 7297 km/h

Gewicht: 17 237 kg

Länge: 15,45 m

Spannweite: 6,80 m

1960

PIPER ARCHER PA-28

Höchstgeschwindigkeit: 230 km/h

Gewicht: 748 kg

Länge: 7,16 m

Spannweite: 9,20 m

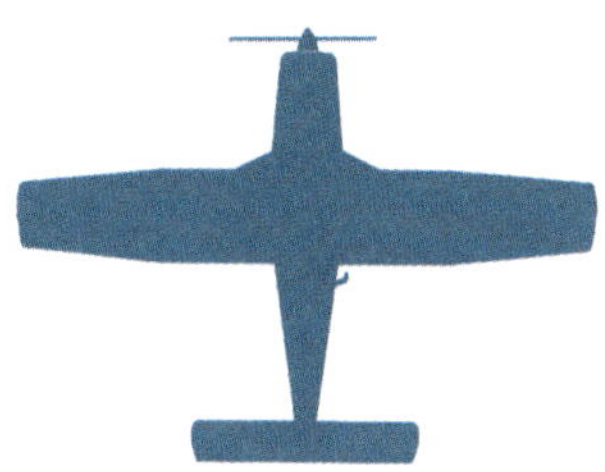

1966

NORTHROP HL-10

Höchstgeschwindigkeit: 1976 km/h

Gewicht: 2721 kg

Länge: 6,45 m

Spannweite: 4,15 m

1972

A-90 ORLJONOK

Höchstgeschwindigkeit: 400 km/h

Gewicht: 140 000 kg

Länge: 58 m

Spannweite: 31 m

1976

AEROSPATIALE CONCORDE

Höchstgeschwindigkeit: 2179 km/h

Gewicht: 185 066 kg

Länge: 61,67 m

Spannweite: 25,60 m

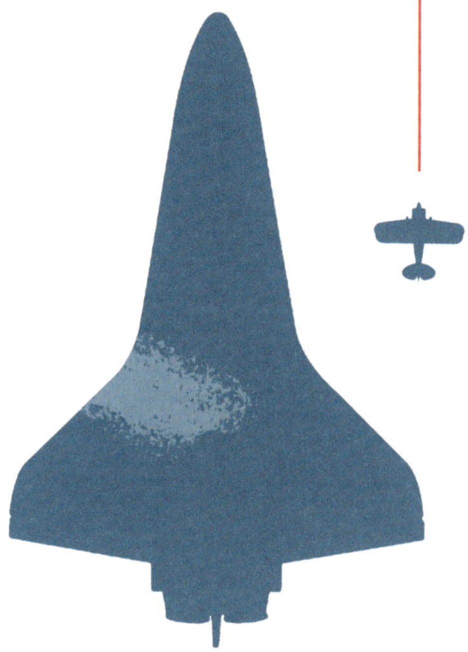

1981

ROCKWELL INT. SPACESHUTTLE

Höchstgeschwindigkeit: 27 875 km/h

Gewicht: 108 000 kg

Länge: 37,23 m

Spannweite: 23,79 m

1985

PITTS S2B

Höchstgeschwindigkeit: 315 km/h

Gewicht: 737 kg

Länge: 5,71 m

Spannweite: 6,10 m

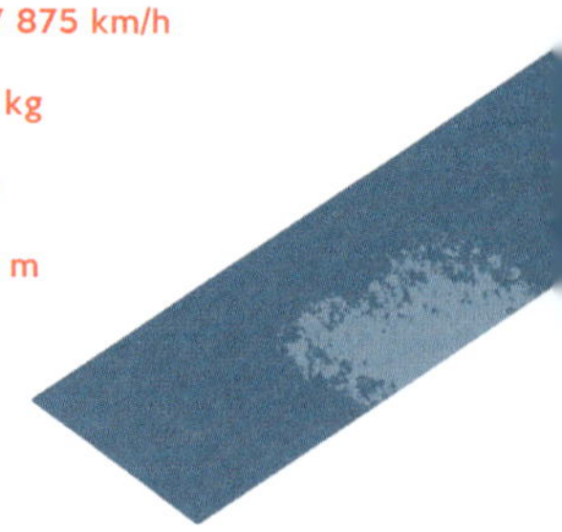

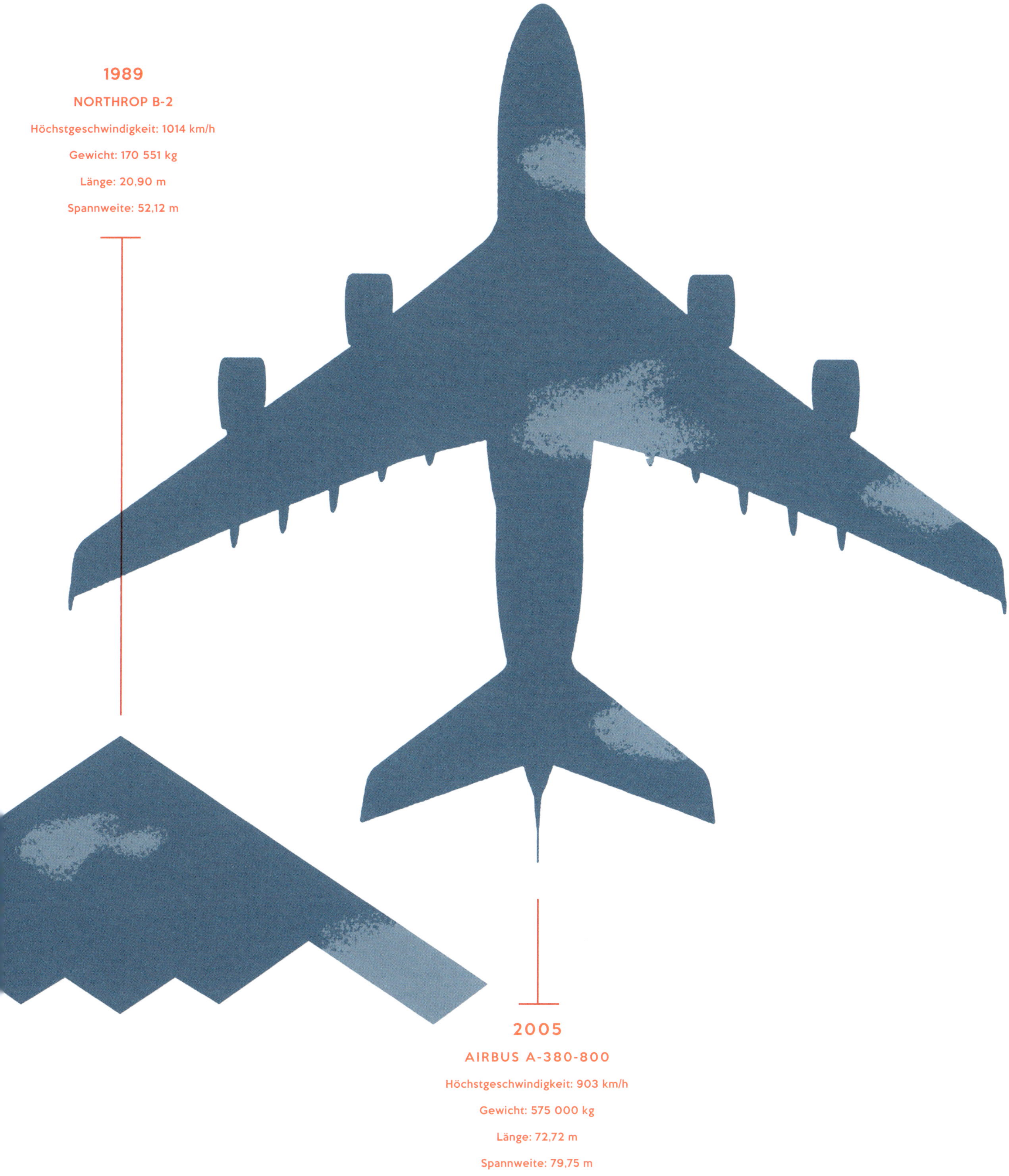
1989
NORTHROP B-2
Höchstgeschwindigkeit: 1014 km/h
Gewicht: 170 551 kg
Länge: 20,90 m
Spannweite: 52,12 m
2005
AIRBUS A-380-800
Höchstgeschwindigkeit: 903 km/h
Gewicht: 575 000 kg
Länge: 72,72 m
Spannweite: 79,75 m

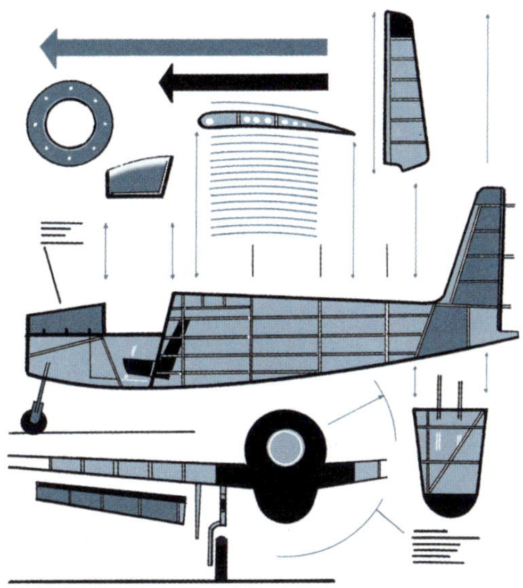

FLUGZEUGKONSTRUKTION

WIE SIEHT EIN FLUGZEUG AUS? UND WARUM?

DAS PROPELLERFLUGZEUG

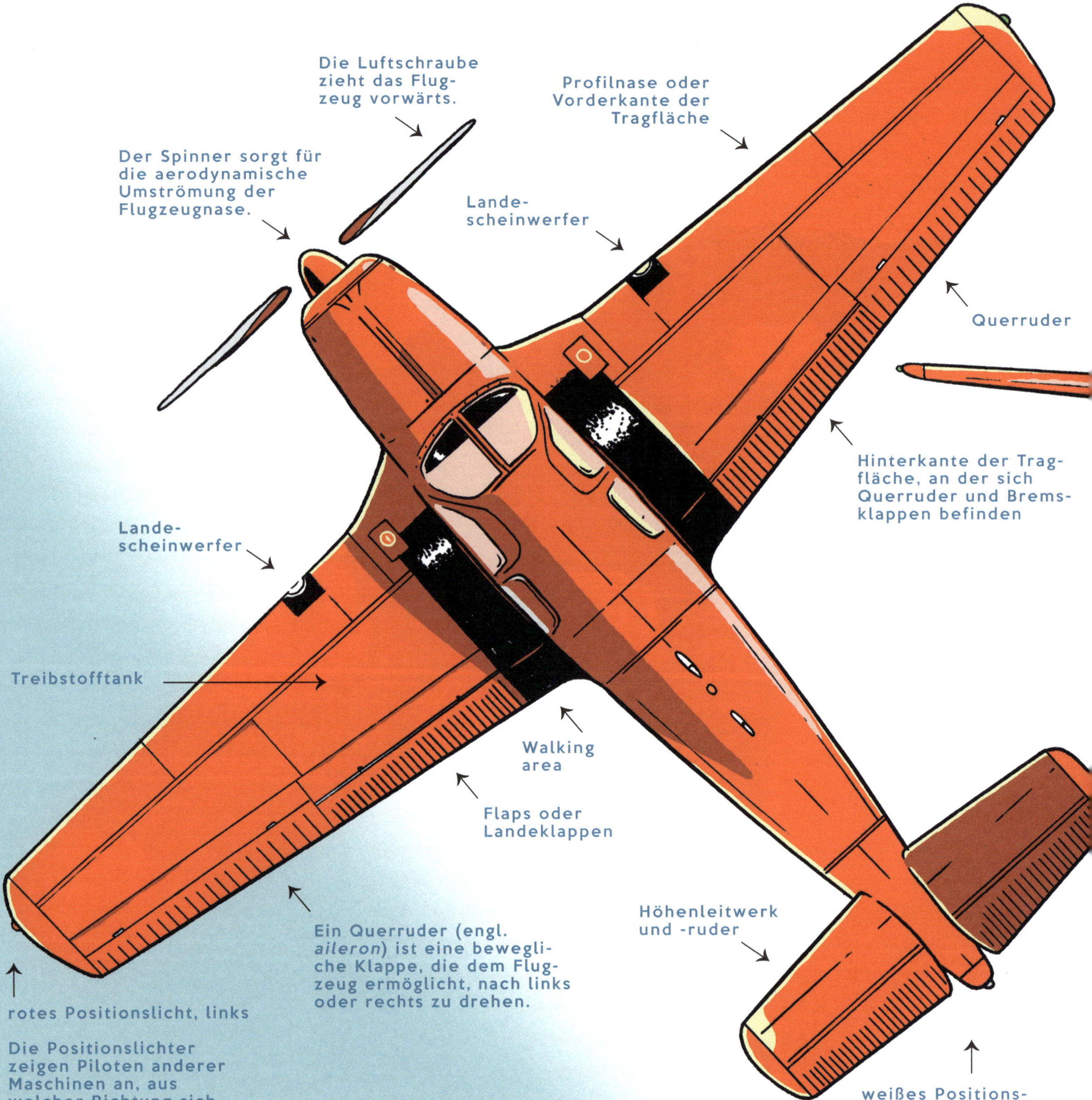

Die Positionslichter zeigen Piloten anderer Maschinen an, aus welcher Richtung sich das Flugzeug nähert – es gilt rechts vor links.

Die Seiten- und Höhenruder bewegen das Flugzeug nach links und rechts, auf und ab.
Lande-scheinwerfer
Lande-scheinwerfer
Die Oberkante der Tragfläche ist gewölbt, damit die Luft einen längeren Weg als an der Unterkante zurücklegen muss. Dadurch entstehen Unterdruck und Auftrieb.
Die Unterkante der Tragfläche erzeugt Überdruck, der die Flügel hochschiebt.

Cockpit
Funkantenne
Notfunkbake oder *ELT (Emergency Location Transmitter)*
weißes Positionslicht, hinten
Bugrad
Der *torque link* sorgt dafür, dass das Bugrad in der Längsachse des Flugzeugs ausgerichtet bleibt.
Hauptfahrwerk

LINIENFLUGZEUG

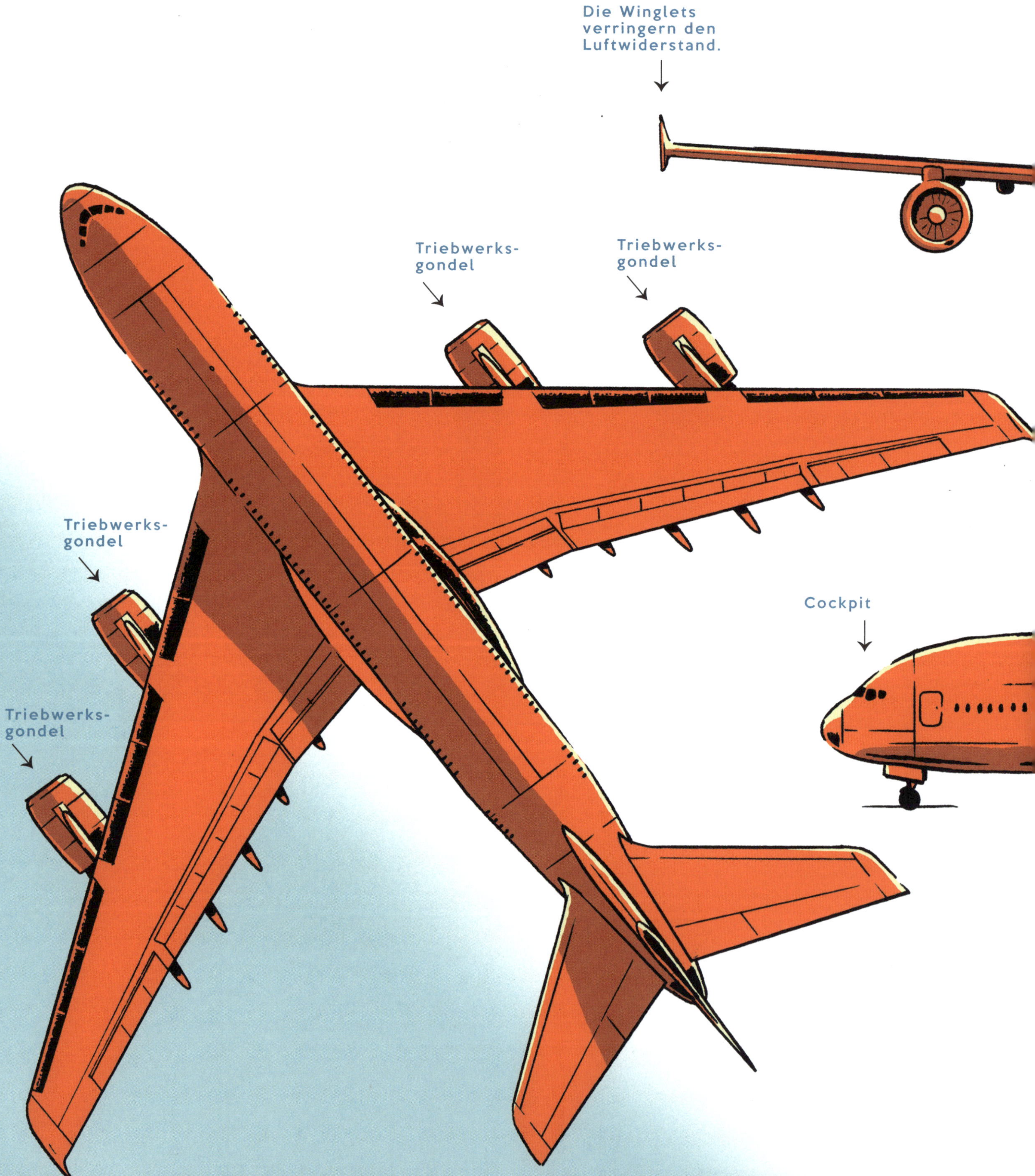

Seitenruder
Höhenruder
Hauptfahrwerk
Die vier Triebwerke
geben der Maschine
Schub.

Seitenruder
Triebwerksgondel
Hauptfahrgestell

WELCHE KRÄFTE WIRKEN AUF EIN FLUGZEUG?

Will man verstehen, welche Details für die Flugzeugkonstruktion wichtig sind, muss man wissen, welche unterschiedlichen Kräfte auf ein Flugzeug wirken. Einige machen dabei das Fliegen leichter, andere bewirken das Gegenteil. Schwerkraft und Luftwiderstand beispielsweise behindern das Fliegen. Ein Flugzeug ist eine Maschine mit einem enormen Gewicht. Die Schwerkraft zieht es deswegen zu Boden. Der Luftwiderstand macht sich an Flügeln, Heck, Nase und Rumpf bemerkbar und ist somit von der Form des Flugzeugs abhängig. Deswegen entwerfen die Konstrukteure ein Flugzeug so stromlinienförmig wie möglich. Gelingt ihnen das, „schneidet" die Maschine mit hoher Geschwindigkeit und möglichst wenig Widerstand durch die Luft. Die flugfördernden Kräfte kommen vom Motor und den Tragflächen.

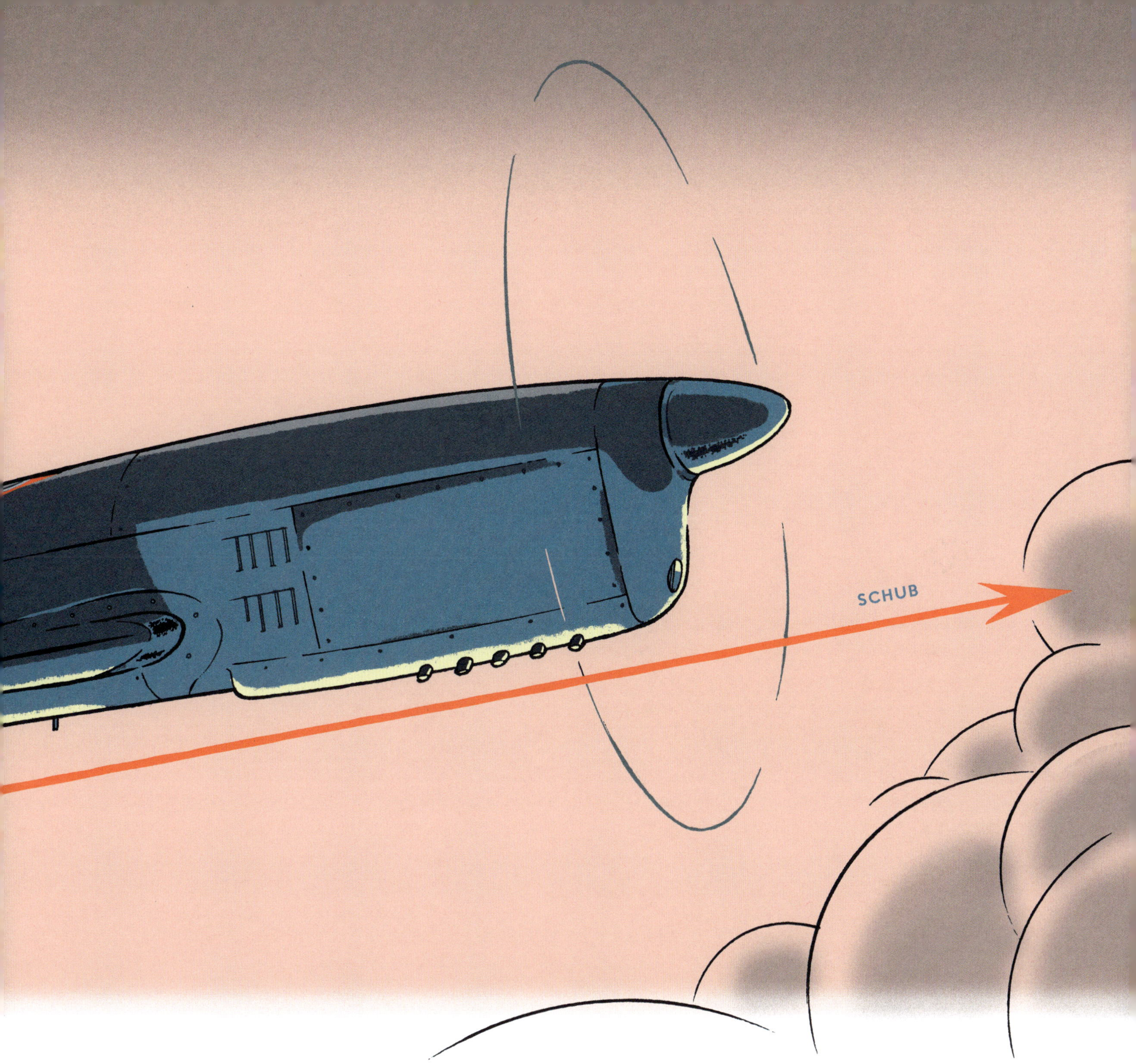

Der Motor treibt einen Propeller an und sorgt für Schubkraft, die die Maschine durch die Luft zieht. So strömt Luft über die Tragflächen, wodurch das Flugzeug abheben kann und in der Luft bleibt.

Die Bewegung des Flugzeugs wird also durch das Kräftegleichgewicht bestimmt. Fliegt die Maschine geradeaus, bleiben diese Kräfte im Gleichgewicht. Steigt das Flugzeug aber oder sinkt es, verändert sich das. Im Sinkflug braucht es weniger Schub, weil das Flugzeug sich allein schon durch die Schwerkraft dem Boden nähert. Beim Steigen braucht es jedoch wieder zusätzliche Schubkraft, um dem Flugzeug mehr Auftrieb zu geben. Manche Maschinen wie zum Beispiel Hubschrauber können sogar vertikal aufsteigen.

SPOT ON: *RENAUD CAUDRON C-460* / 1934

Die *Caudron C-460* ist ein französisches Holzflugzeug, das 1934 für das internationale Geschwindigkeitsrennen *Coupe Deutsch de la Meurthe* gebaut wurde. Es hat das Rennen damals gewonnen und brach zugleich sämtliche Geschwindigkeitsrekorde. Dank der Steuerkünste von Hélène Boucher, einer der ersten Pilotinnen Europas, erreichte die Maschine eine Geschwindigkeit von 455 Kilometern pro Stunde!

1936 flog die *Caudron* in die Vereinigten Staaten, um an den *National Air Races* teilzunehmen, die in den Anfangstagen der Luftfahrt äußerst beliebt waren. Die Maschine gewann zahlreiche Trophäen.

Die Luftrennen waren nicht nur populär, sie brachten auch die Entwicklung in der Flugzeugtechnologie voran. In Belgien wurde die *Caudron* in der Comicserie „Jo, Jette und Jocko"

des Comiczeichners Hergé verewigt. In dem Heft *Das Vermächtnis des Mister Pump* soll der Ingenieur Jacques Legrand eine Maschine konstruieren, die mit einer Geschwindigkeit von 1000 Kilometern pro Stunde von Paris nach New York fliegen kann. Das fiktive Flugzeug wurde *Stratokruiser H.22* getauft. Die *Caudron C-460* diente Hergé dabei als Vorbild.

1000 Kilometer pro Stunde erreichte die „echte" *Caudron* zwar nicht, doch ihre damals schwindelerregende Geschwindigkeit und der stromlinienförmige Rumpf waren der Grund, weswegen Hergé sich von ihr hat inspirieren lassen. 2009 bauten Tom Wathen, Mark Lightsey, Aerocraftsman Inc. und Studenten der Wathen Aviation High School die *Caudron* auf eindrucksvolle Weise nach.

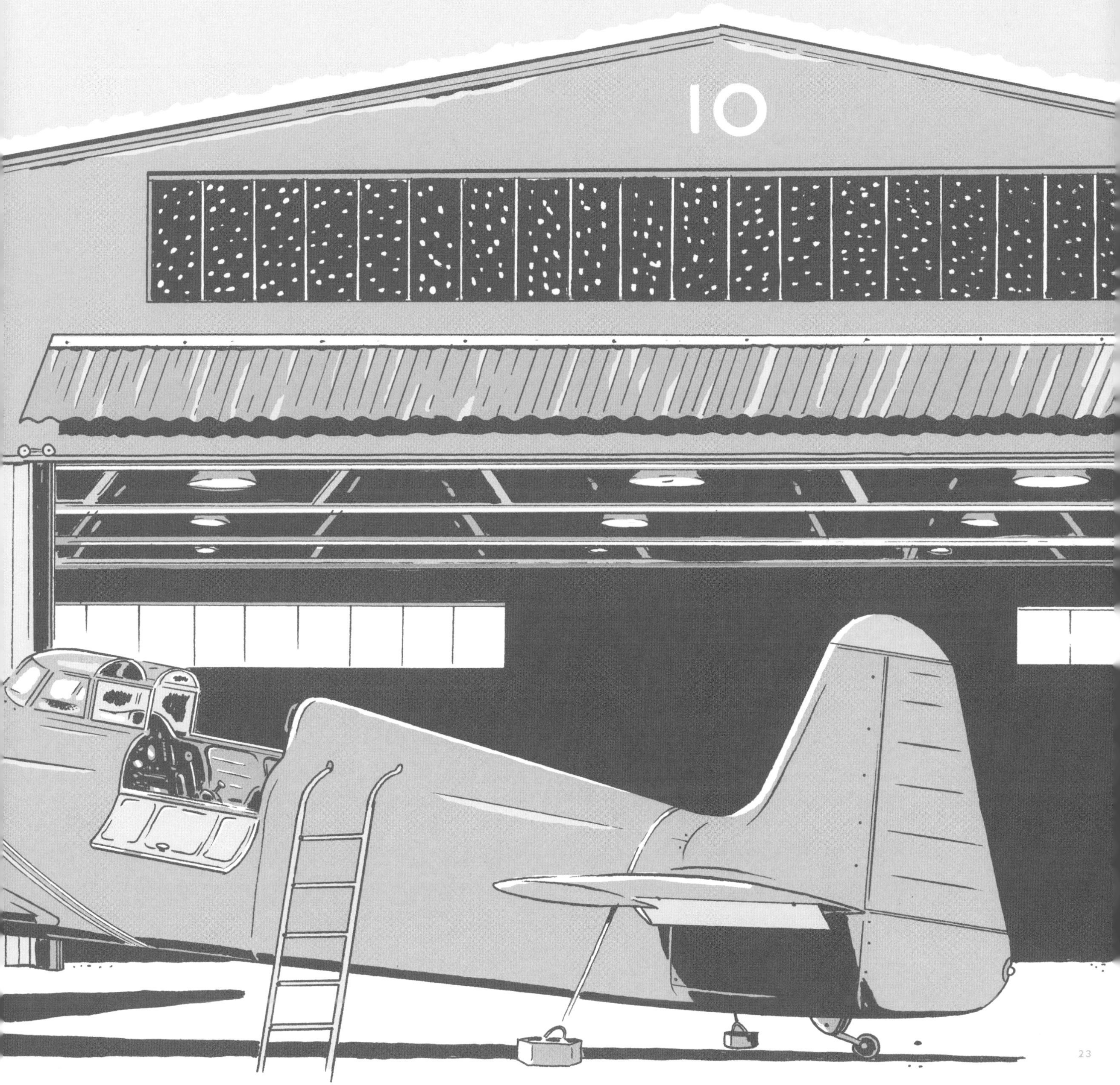

WIE BEWEGT SICH EIN FLUGZEUG DURCH DIE LUFT?

Flugzeuge sind richtige Luftakrobaten. Um die Bewegungen, die ein Flugzeug vollführt, zu verstehen, hilft es, drei imaginäre Linien durch die Maschine zu ziehen, die aufzeigen, dass sich das Flugzeug um drei Achsen drehen kann. Dadurch bestimmen die Piloten, wohin sie fliegen.
Die erste imaginäre Achse geht vertikal durch das Flugzeug, von oben nach unten. Dreht sich die Maschine um diese Achse, steuert die Nase nach links oder nach rechts. Diese Bewegung bezeichnet man als „gieren".
Eine zweite Achse verläuft horizontal durch die Maschine und folgt den Flügeln. Wenn sich das Flugzeug um diese Achse dreht, geht die Nase auf und nieder. Das nennt man „nicken".
Die dritte Achse zieht sich ebenfalls horizontal durch das

Flugzeug, doch von vorne nach hinten. Dreht sich die Maschine um diese Achse, bewegen sich die Tragflächen auf der einen Seite nach oben und auf der anderen nach unten. Das heißt „rollen“.

Der Pilot bestimmt die Richtung, indem er diese drei Bewegungen kombiniert. Am Heck befindet sich ein vertikales Seitenruder, das der Pilot mit Pedalen bedient, wodurch das Flugzeug giert. Nicken geschieht, wenn der horizontale Teil des Hecks – das Höhenruder – bewegt wird. Am Ende der Flügel sitzen die Querruder, die dafür sorgen, dass das Flugzeug rollen kann.

Ein Flugzeug zu steuern ist Präzisionsarbeit, denn die Maschine reagiert sehr empfindlich. Der Pilot muss den Steuergriff daher mit Vorsicht bedienen.

SPOT ON: *LEVASSEUR PL-8* / 1927

„Weißer Vogel" lautete der Spitzname der *Levasseur PL-8*, einer ganz besonderen Maschine. Gesteuert wurde sie von Charles Nungesser und François Coli bei dem Versuch, zum ersten Mal den Atlantik zu überqueren.
Charles Lindbergh, ein anderer Pilot, hatte denselben Rekordflug im Sinn. Zwölf Tage vor ihm wollten sie in den Vereinigten Staaten landen – ein Rennen gegen die Zeit.

Am 8. Mai 1927 hob der „Weiße Vogel" im französischen Le Bourget nahe Paris ab, um über Irland, Nova Scotia und Boston nach New York zu fliegen. Das Hauptfahrwerk wurde abgeworfen, weil es für zu viel Luftwiderstand sorgte.
Der Rumpf der Maschine war wie der eines Schiffs entworfen. Die Piloten hatten vor, unweit der Freiheitsstatue im Wasser zu landen. Die Flugzeit sollte 42 Stunden betragen,

was knapp berechnet war, denn der Motor konnte ohne Wartung nur maximal 50 Stunden laufen.
Leider misslang das Unternehmen. Zuletzt wurde das Flugzeug auf dem Weg nach England über Étretat gesehen. Einige Bewohner der Insel Saint-Pierre vor der Küste Kanadas behaupteten, dass sie die Maschine in den frühen Morgenstunden noch gehört hätten, dann sei ein lauter Knall erfolgt. Die amerikanische Küstenwache soll verformte Metallstücke gefunden haben, die von dem Flugzeug stammten. Zu diesem Zeitpunkt feierte Lindbergh in Paris bereits seine erfolgreiche Atlantiküberquerung. Er war gerade einmal 25 Jahre alt und hatte seinen Eindecker selbst gebaut. Lindbergh wurde zum Idol für die zukünftige Generation der Flugzeugkonstrukteure und Piloten.

TRAGFLÄCHENFORMEN

Ein Flugzeug kann dank der Auftriebskraft fliegen. Dies ist die Kraft, die durch die Flügelform und die Fluggeschwindigkeit entsteht und die die Maschine nach oben zieht. Der Motor erzeugt Schubkraft, die dafür sorgt, dass das Flugzeug Tempo aufnimmt und die Luft um die Flügel strömen lässt. Ein Teil der Luft wird zur Oberseite der Tragfläche geleitet. Ein anderer Teil bewegt sich entlang der Unterseite.

Die Luft an der Oberseite muss wegen der Flügelform einen längeren Weg zurücklegen als die Luft an der Unterseite. Dadurch entstehen ein Unterdruck an der Oberseite des Flügels und ein Überdruck an dessen Unterseite. Das gibt dem Flugzeug Auftrieb. Andere Formen, wie die rechts gezeigten, erzeugen weniger oder gar keinen Auftrieb.

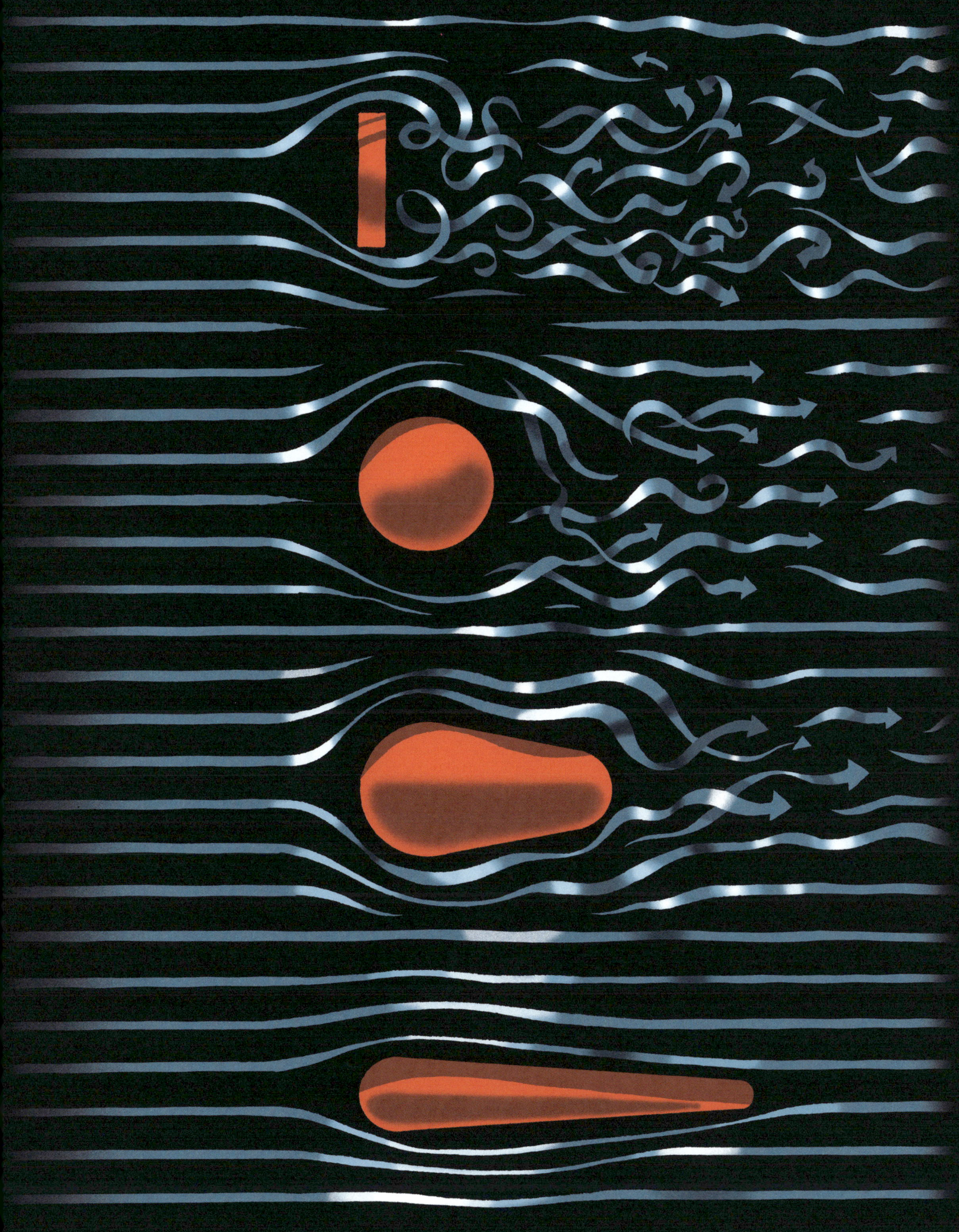

FLIEGENDE FLÜGEL

Ein Flügel sorgt also für den Auftrieb und ist so geformt, dass er minimalen Widerstand bietet. Aber was geschieht, wenn man ein Flugzeug konstruiert, das ausschließlich aus einer Tragfläche besteht?
John Northrop hat so eine Maschine in den 1930er-Jahren entworfen. Rumpf, Motoren, Treibstoff, Fracht und Pilot befanden sich in diesem einen großen fliegenden Flügel.

Dieser Nurflügel sollte einen starken Auftrieb und geringen Luftwiderstand erzeugen. Das gelang zwar, doch die Konstruktion brachte eine Menge anderer Probleme mit sich. Die Maschine war nicht sehr stabil und nur schwer steuerbar. Selbst erfahrene Testpiloten bekamen sie nur schwer unter Kontrolle.
Da das Heck fehlte, mussten die Steuerungselemente an

den Flügeln befestigt werden. Dadurch machte das Flugzeug aber andauernd unkontrollierbare Bewegungen.
Zwei Maschinen wurden gebaut. Beide stürzten ab, eine davon, die *YB-49*, mit Glen Edwards, einem erfahrenen Testpiloten. Der amerikanische Luftstützpunkt Edwards Air Force Base ist nach ihm benannt. Eigentlich kam das Flugzeug für die Entwicklung der Luftfahrt zu früh.

Propellerflugzeuge werden auch heute noch gebaut und vor allem für kurze Strecken eingesetzt. Zudem wurden damals aber nun auch Maschinen mit Düsentriebwerken entwickelt. Die ersten Nurflügel wurden in dieser Übergangsphase gebaut und so mit einer Technologie ausgerüstet, die noch nicht ausgereift war. Durch die Unzuverlässigkeit des Flugzeugs wurde das ganze Projekt schließlich eingestellt.

SPOT ON: *NORTHROP YB-35 FLYING WING* / 1947

Neue Flugzeugtechnologien wurden vielfach von der militärischen Luftfahrt vorangetrieben, vor allem im Umfeld der beiden Weltkriege. Ein fliegender Flügel, das war der Traum und das Lebenswerk des amerikanischen Flugzeugingenieurs John Northrop, doch er verfolgte diese Idee nicht allein. Auch die Brüder Horten arbeiteten in Deutschland an Entwürfen für einen Nurflügel. Und schon 1910 wurde der erste Entwurf des britischen Ingenieurs John William Dunne entwickelt.

Doch Northrop war der Erste, der seine Pläne auch verwirklichte, und das in verschiedenen Modellen, von einem kleinen Schwebeflugzeug für eine Person und mit vier Propellern, der *YB-35*, bis zu einer 52 Meter breiten Maschine mit Strahlantrieb: der *YB-49*.

Die Maschinen sollten als Kampfflugzeuge der amerikanischen Luftwaffe eingesetzt werden, doch nach den ersten erfolglosen Tests wurden alle Bestellungen gestrichen. Die beiden Flugzeuge galten als unzuverlässig. Sie wurden vor den Augen der Mitarbeiter von Northrops Firma vollständig zerlegt. John Northrop musste voller Bedauern mitansehen, wie sein Lebenswerk zerstört wurde.

Doch Northrops Ideenreichtum war nicht zu stoppen, er tüftelte an weiteren Konstruktionen. Im April 1980 wurde der inzwischen betagte Flugzeugingenieur in der Firma, die er einst selbst gegründet hatte, in ein Büro geführt. Man zeigte ihm ein Modell des *B-2 Spirit-Bombers*, einer Maschine, die auf seinem Originalentwurf basierte. Der *Northrop Grumman B-2* wurde schließlich 1989 gebaut.

TARNKAPPENFLUGZEUGE

Die *B-2*, oder *Northrop Grumman B-2*, erblickte 1970 das Licht der Welt. Ingenieure hatten die Ergebnisse der Testflüge von Nurflügeln aus den 1940er-Jahren noch einmal genau unter die Lupe genommen.
Sie kamen zu der Erkenntnis, dass Northrops Ideen für die Konstruktion eines neuen Typs von Kampfflugzeug eingesetzt werden könnten. Das Nachfolgermodell bekam sogar dieselbe Spannweite wie sein Prototyp. Die Originalmaschine war damals noch schwer zu steuern gewesen, doch die Gründe für dieses Problem wurden dank neuester Computertechnologie gelöst, sodass der Pilot das Flugzeug nun unter Kontrolle halten konnte.
Bei der intelligenten dynamischen fly-by-wire-Steuerung analysiert ein Computer die Flugbewegungen, die der Pilot

ausführt, und berechnet die Position, die die verschiedenen Steuerelemente einnehmen müssen, um die Maschine das tun zu lassen, was der Pilot möchte. Durch die komplexe Form sind diese Steuermechanismen andere als bei einem traditionellen Flugzeug.

Außerdem ist die Maschine so entworfen, dass sie auf keinem Radar auftaucht. Die Tarnkappenflugzeuge werden auch Stealth-Flugzeuge genannt, was heißt, dass viele Teile, die sich bei einem normalen Flugzeug außen befinden, innen verbaut sind, also „verheimlicht" werden (*stealth* bedeutet wörtlich „Heimlichkeit"). Durch die abweichende Form der *B-2* mit ihren verborgenen Ein- und Austrittsöffnungen und der geheimen Formel für die Mischung der Tarnfarbe werden Stealth-Flugzeuge auf dem Radarschirm nicht angezeigt.

Die *B-2* bietet zwei Personen Platz. Sie kann 15 000 Meter hoch und ungefähr 10 000 Kilometer weit fliegen. Schnell fliegt sie nicht, aber das ist auch nicht notwendig.
Denn es handelt sich um einen strategischen Bomber, dessen Unsichtbarkeit sein größter Trumpf ist. Eine Computersimulation hatte damals ergeben, dass Radarwellen fast vollständig absorbiert werden, wenn man den Lufteintrittsöffnungen und anderen hervorspringenden Teilen eine schräge Diamantenform gibt. Die *B-2* kann somit unbemerkt tief in feindliches Gebiet eindringen, um Angriffe zu fliegen. Doch wenn Düsenflugzeuge in großen Höhen fliegen, hinterlassen sie weiße Kondensstreifen am Himmel, da die Feuchtigkeit in den Abgasen gefriert. Dafür hat man ein System entwickelt, das die Piloten im Cockpit warnt, wenn das der

Fall sein sollte. Dann können sie die Maschine in eine geringere Höhe bringen, wo sich keine Kondensstreifen bilden. Die *B-2* gilt als teuerstes Kampfflugzeug der Welt. Gerade einmal 20 Exemplare wurden gebaut. Alle existierenden Maschinen sind im Dienst der amerikanischen Luftwaffe. Im National Museum of the United States Air Force in Dayton, Ohio, kann man eines dieser Flugzeuge bewundern.

Aufklärungsflugzeuge, die vor der Entwicklung der *B-2* gebaut wurden, erschienen noch auf dem Radar. Und dennoch waren auch sie bemerkenswert. Die *Lockheed U-2* konnte zum Beispiel 21 000 Meter hoch fliegen, und die *Lockheed SR-71 Blackbird* flog 3500 Kilometer pro Stunde: mehr als doppelte Schallgeschwindigkeit.

FLIEGEN OHNE FLÜGEL

Manche Flugzeuge sind also vom Prinzip her als ein einziger Flügel konstruiert. Aber kann man auch ohne Flügel fliegen? Mit Blick auf die Raumfahrt begann man in den 1960er-Jahren, dies zu erforschen. Flugmaschinen müssen auf dem Weg ins All und beim Wiedereintritt in die Erdatmosphäre hohe Geschwindigkeiten beibehalten können, was allerdings starke Reibung verursacht. Reibung bedeutet Wärme, was sich bemerkbar macht, wenn man die Hände aneinanderreibt. Im Weltall sind Flügel überflüssig, gibt es doch keine Luft, die sie tragen könnte. Die Nurflügel sind Flugzeuge ohne Rumpf. Maschinen, die für die Raumfahrt bestimmt sind – sogenannte *Lifting Bodies* – bestehen dagegen aus einem flügellosen Rumpf. Flügel von traditionellen Flugzeugen generieren so viel Auftrieb wie möglich, und das bei

Geschwindigkeiten langsamer als der Schall. *Lifting Bodies* erhalten aber nur bei hohen Geschwindigkeiten Auftrieb. Die Form der Maschinen sorgt für Stabilität. Der Druck am unteren Teil des Rumpfes muss größer sein als am oberen, damit der nötige Auftrieb erzeugt wird.
Wie bei anderen außergewöhnlichen Flugzeugformen war die Steuerung der *Lifting Bodies* nicht leicht. Die ersten Weltraummaschinen wurden zunächst als Modell gebaut und im Windkanal getestet. Bei hohen Geschwindigkeiten konnten sie gut fliegen, aber bei geringem Tempo waren sie nicht zu steuern.
Als Lösung dieses Problems wurde ein kurzer, deltaförmiger Flügel entwickelt.

Die *Northrop HL-10* bekam wegen ihrer seltsamen Form den Spitznamen „Fliegende Badewanne“. Sie war einer der fünf experimentellen *Lifting Bodies*, die die amerikanische Luft- und Raumfahrtbehörde NASA testete.
Und das tat sie auf der Edwards Air Force Base in Kalifornien auf spektakuläre Weise. Die ersten Prototypen hatten keinen eigenen Motor. Sie wurden von einem Personenwagen über die ausgedehnte Fläche eines ausgetrockneten Sees gezogen. Später befestigte man sie unter dem rechten Flügel einer viel größeren Maschine. Hatte diese Maschine die Höhe von 15 Kilometern erreicht, wurde die *Northrop HL-10* ausgeklinkt. Danach zündete der Pilot in der *HL-10* die Raketentriebwerke und stieg bis in eine Höhe von 24 Kilometern auf.

Dort angekommen, schaltete sich der Motor ab, weil der Treibstoff verbraucht war. Der Pilot flog daraufhin steil nach unten, damit die Maschine genügend Tempo halten konnte und bis kurz vor der Landung steuerbar blieb.
Diese Testflüge dauerten nie lang, denn der Treibstoff an Bord reichte gerade einmal für 100 Sekunden. Der längste der 37 Testflüge einer *HL-10* dauerte sieben Minuten.

Die Maschine landete schließlich wieder auf dem ausgetrockneten See der Edwards Air Force Base mit einer Geschwindigkeit von 300 Kilometern pro Stunde. Diese Experimentalflugzeuge bereiteten die Entwicklung des Spaceshuttle vor, das auch als Schwebeflugzeug von einer Raummission zur Erde zurückgekehrt ist.

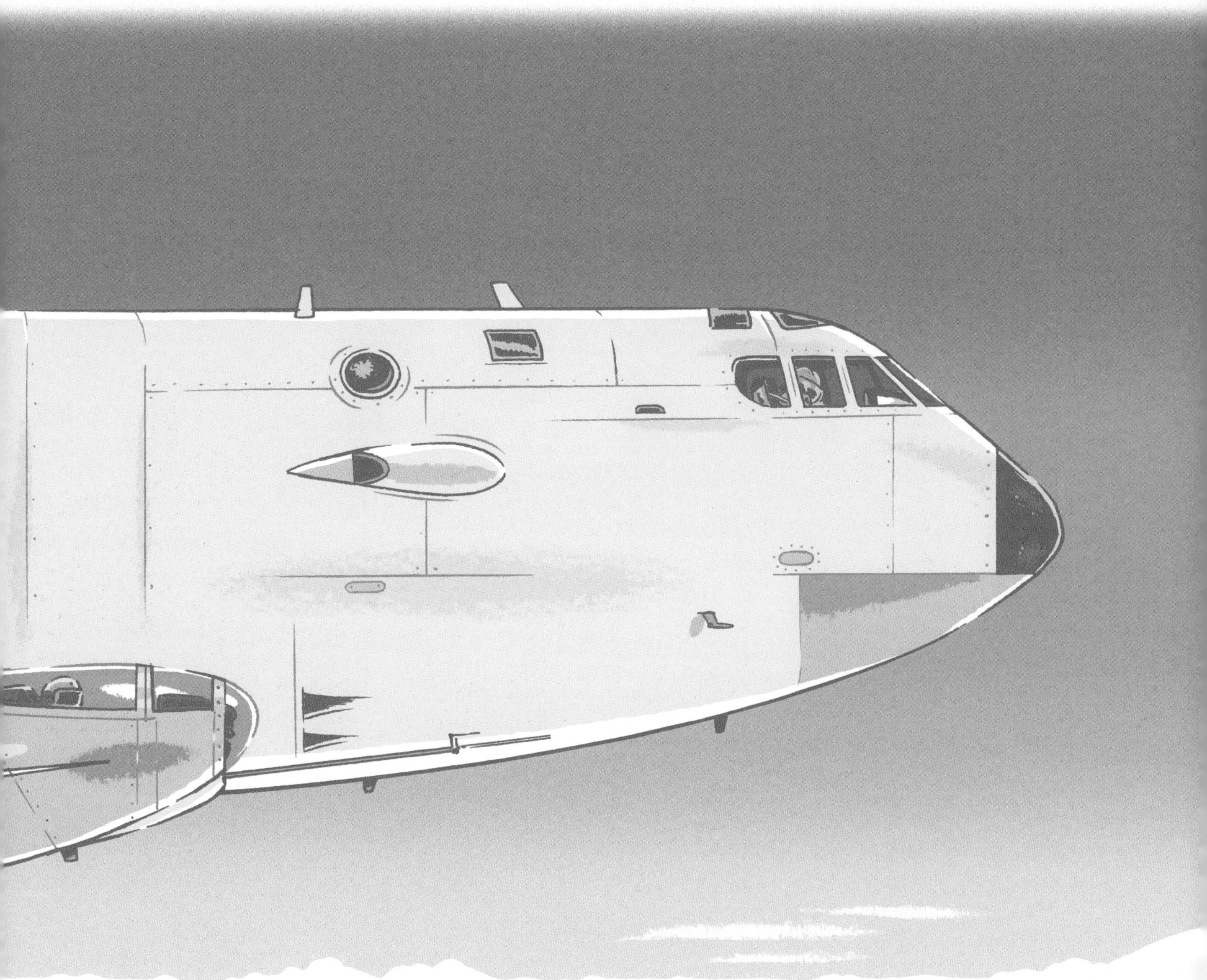

DER BODENEFFEKT

Kommt eine Tragfläche in Bodennähe, verhält sie sich anders als oben in der Luft in vollem Flug. Denn wenn ein Flugzeug niedriger als fünf Meter über dem Boden fliegt, entsteht der sogenannte Luftkissen- oder Bodeneffekt.

Die Luft kann dabei nicht mehr unter dem Tragflügel entweichen und bildet eine Art Luftkissen, auf dem die Maschine weitergleitet. Landende Flugzeuge nutzen das Kissen, um sanft auf dem Boden aufzusetzen. Manche Fluggeräte, wie das Ekranoplan, nutzen den Effekt auch während des Flugs für sich aus. Seine Tragflügel sind auf besondere Weise konstruiert, wodurch die Flugzeuge besonders dicht über dem Boden fliegen können.

Auch in der Tierwelt kennt man diesen Bodeneffekt. Forscher haben entdeckt, dass Wasserfledermäuse, die knapp

über der Wasseroberfläche umherstreifen, viel weniger Energie verbrauchen, wodurch ihr Puls niedrig bleibt. Eine spiegelglatte, ruhige Wasseroberfläche liefert dabei die besten Ergebnisse. Seevögel wie Albatrosse und Pelikane nutzen die Vorteile des Bodeneffekts ebenfalls.
Der Bodeneffekt eignet sich jedoch nicht für jeden Flugzeugtyp. Segelflugzeuge mit ihren langen Flügeln sind so konstruiert, um möglichst weit durch den Himmel zu gleiten, ohne dabei zu sinken. So sind sie für eine Landung eigentlich ungeeignet, sie segeln weiter und weiter.
Um dennoch mit ihnen landen zu können, haben sie Bremsklappen, die den Luftstrom über den Tragflügeln stören, damit weniger Auftrieb entsteht.

SPOT ON: *EKRANOPLAN A-90 ORLJONOK* / 1960

Das *Ekranoplan* oder auch das „Kaspische Seeungeheuer“ war ein Wasserflugzeug, das den Bodeneffekt intensiv ausnutzte. Es wurde 1960 von dem russischen Ingenieur Rostislaw Alexejew konstruiert. Dafür nutzte er die Eigenschaften der Hovercrafts, die als Luftkissenfahrzeuge funktionieren. Das *Ekranoplan* sah aus wie eine Kreuzung zwischen einem Hovercraft und einem Flugzeug und konnte in fünf Metern Höhe über das Wasser „gleiten“. Die Motoren saßen vorne an der Nase und jagten Luft unter die Tragflächen. Am Heck befand sich der stärkste Turbopropeller aller Zeiten, der der Maschine Geschwindigkeit verschaffen sollte. Das *Ekranoplan* transportierte Riesenmengen an Fracht mit großer Geschwindigkeit über das Wasser. Solange die Maschine nahe der Wasseroberfläche blieb, sorgte der

Bodeneffekt dafür, dass sie wenig Energie verbrauchte. Das Flugzeug glitt mit Geschwindigkeiten von 500 Kilometern pro Stunde über das Kaspische Meer. Doch wie effizient es auch immer war, eine Augenweide war es gewiss nicht. Daher wohl der Spitzname.

Weil sie in so geringer Höhe flog, blieb die Maschine auf dem Radar unsichtbar. Doch der Niedrigflug hatte auch Nachteile. Piloten mussten voll konzentriert den Horizont absuchen, um Kollisionen mit Schiffen zu vermeiden.

Die Maschinen wurden wegen ihrer geringen Flughöhe nicht als Flugzeug, sondern als Schiff registriert. Als die Sowjetunion auseinanderfiel, sank das Interesse an dem kostspieligen Bau der „Kaspischen Seeungeheuer“. Das *Ekranoplan* wurde nicht länger gebraucht.

DIE FUNKTION DER QUERRUDER

Wollen Piloten eine Kurve fliegen, bewegen sie die Querruder, englisch *ailerons*. Diese beweglichen Klappen befinden sich an den Hinterkanten der Tragflächen.
Bewegen die Piloten den Steuerknüppel oder das Steuer nach links oder rechts, passen sie die Position der Querruder an, die sich entgegengesetzt verhalten. Geht das eine Querruder nach oben, bewegt sich das andere nach unten.

Will der Pilot nach rechts fliegen, geht also das linke Querruder nach unten.
Das Profil des linken Flügels verändert sich dabei ein wenig, indem der Flügel mehr Auftrieb bekommt, sodass die linke Seite der Maschine nach oben geht. Gleichzeitig geht das rechte Querruder hoch und der rechte Flügel herunter.
Das Ungleichgewicht in der Tragfläche nimmt zu und das

Flugzeug bewegt sich nach rechts. Eine Kurve zu fliegen ist dennoch nicht so leicht, wie es klingt. Wenn der linke Flügel hochgeht, bekommt er mehr Luftwiderstand. Dadurch steuert die Nase von selbst in die entgegengesetzte Richtung der Kurve, in unserem Fall nach links.
Dieser unerwünschte Effekt wird Wendemoment genannt. Der Pilot kann dem entgegensteuern, indem er gleichzeitig das Seitenruder mit einem Pedal bedient. Dieses Ruder zwingt die Nase der Maschine in die richtige Richtung und der Pilot kann eine schöne, kontrollierte Kurve fliegen. Fliegen ist dem Autofahren gar nicht so unähnlich: Man benutzt Hände und Füße gleichzeitig.

Piper ist wie Cessna, Grumman und Beechcraft ein Flugzeughersteller, der kleinere Maschinen für Flugschulen und Privatpersonen baut. Seit seiner Gründung im Jahr 1927 hat Piper gut 144 000 Flugzeuge gebaut, von denen heute noch 90 000 herumfliegen. Die Firma hat 1937 zudem die *Piper Cub* entworfen, eine Maschine, die viele Menschen zum Fliegen angespornt hat.

Die *Piper Warrior* ist eine Maschine, mit der viele angehende Piloten das Fliegen erlernen. Als eine ideale Schulungsmaschine, die Anfängerfehler nicht übel nimmt, ist die *Piper Warrior* ein Tiefdecker mit schräg ansetzenden Tragflächen, die der Maschine Stabilität verleihen. Mit dem Lycoming-Motor und seinen 160 Pferdestärken kommt die Maschine auf eine Geschwindigkeit von 217 Kilometern pro Stunde.

Ist das Flugzeug vollgetankt, kann es in fünf Stunden 950 Kilometer zurücklegen und noch weitere 45 Minuten auf Reserve fliegen. Die maximale Flughöhe beträgt 3,3 Kilometer. Es braucht eine Distanz von etwa 500 Metern, um 15 Meter zu steigen.
Es fliegen jede Menge *Piper Warriors* durch die Luft, und jede davon ist einzigartig. Denn die Piloten lassen ihre Maschinen gern mit zusätzlichen Instrumenten ausrüsten, vor allem mit Funk- und Navigationsgeräten. Das Flugzeug nimmt dadurch an Gewicht zu. Diese weiteren elektrischen Instrumente führen allerdings dazu, dass der Kompass abgelenkt wird. In diesem Fall muss die Maschine neu zugelassen werden. Kompassschwankungen, Gewicht, Schwerpunkt und das Gleichgewicht werden dann neu justiert.

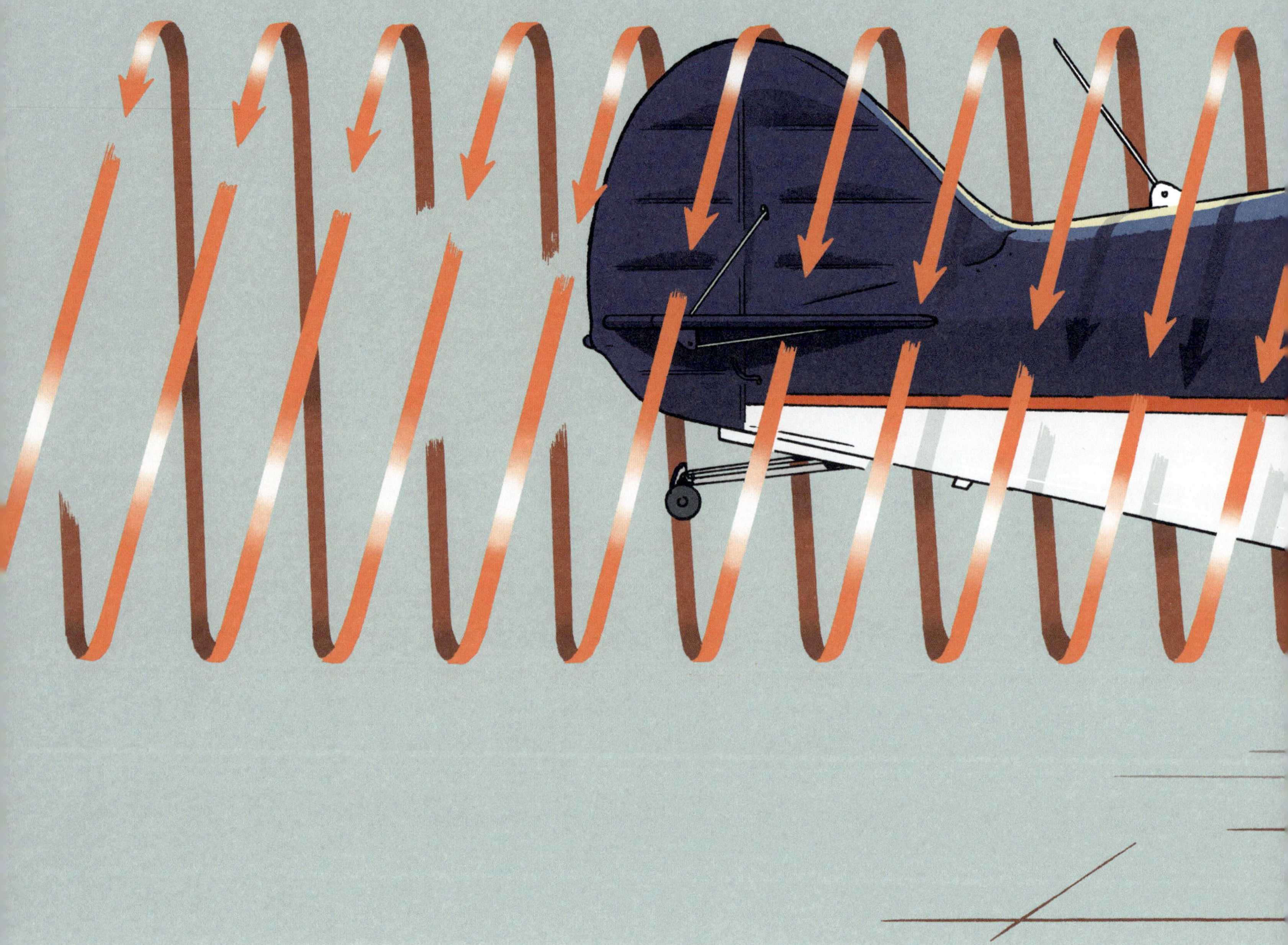

FLUGZEUGPROPELLER

Im Prinzip ist der Propeller eines Flugzeugs auch eine Art Flügel. Er besteht aus zwei oder mehr Propellerblättern auf einer gemeinsamen Achse. Sägt man ein Propellerblatt durch, erkennt man, dass sein Querschnitt dem eines Flügels ähnelt. Wenn sich diese „Flügelchen“ drehen, sorgt das für einen Luftstrom nach hinten, der sich um das Flugzeug windet wie ein Korkenzieher.

Der Propeller drückt also nicht nur die Luft nach hinten, sondern gibt ihr auch eine drehende, spiralförmige Bewegung. So wird die Kraft des Motors in Zugkraft umgesetzt, eine der vier wichtigen Kräfte, wie auf Seite 20 beschrieben. Bei manchen Flugzeugen können die Propellerblätter um ein paar Grad in Flugrichtung gedreht werden. Die Drehzahl des Motors bleibt gleich, doch es wird mehr Zugkraft geschaffen.

Wenn ein Propeller sich im Uhrzeigersinn dreht, wird der vertikale Teil des Hecks durch den Wind, den der Propeller verursacht, beständig nach rechts gedrückt. Dadurch hat das Flugzeug während des Flugs die Neigung, nach links zu steuern. Um das zu vermeiden, gibt es zwei Lösungen: Manchmal wird der vertikale Teil des Hecks leicht schräg gebaut. Darüber hinaus kann der Pilot durch die beiden Pedale mit dem Querruder gegensteuern. Der Vorteil des Propellerwinds ist, dass die Luft noch schneller über Höhen- und Richtungsruder geweht wird. So bleiben sie auch bei geringen Geschwindigkeiten effizient. Die Querruder befinden sich an den Enden der Tragflächen. Der Propellerwind hat keinen Einfluss auf sie.

SPOT ON: *PITTS S2B SPECIAL* / 1985

1944 konstruierte Curtis Pitts mit den *Pitts Special* eine Serie Kunstflugdoppeldecker.
Auf den ersten Maschinen prangte das Bild eines Stinktiers. 1950 weckte dieses Modell das Interesse der breiten Öffentlichkeit, als die Pilotin Betty Skelton damit dreifache amerikanische Meisterin im Kunstfliegen wurde. Sie nannte ihre*Pitts Special* „Kleiner Stinker".

Doppeldecker haben doppelte, aber kurze Tragflächen, wodurch sie besonders wendig und kunstflugtauglich sind. Außerdem ist ein Doppeldecker eine unglaublich starke Konstruktion. Das ist auch bitter nötig, denn bei einem Kunstflug muss so eine Maschine eine Menge aushalten. Die *Pitts Special* sind Kräften von +6 g und –5 g gewachsen. Bei +6 g werden Piloten mit dem Sechsfachen ihres eigenen

Körpergewichts in ihren Sitz gedrückt. Bei −5 g zieht die Fliehkraft den Piloten mit dem Fünffachen seines Eigengewichts aus dem Stuhl. Kunstflug ist eine Disziplin für sich. Eine Jury legt eine Reihe von Flugfiguren fest. Der Pilot, der diese Figuren am schönsten ausführt, gewinnt. Manche Piloten verzieren den Flugzeugrumpf mit einer auf dem Kopf stehenden Aufschrift, weil die Maschinen häufiger verkehrt herum fliegen als richtig herum! Das Skelett besteht aus einem Stahlrahmen, der Rest aus Holz und festen Stoffbahnen. Tippt man auf die Flügel, hört man ein Trommelgeräusch, das vom gespannten Tuch herkommt. 1977 verkaufte Pitts seine Firma. Von 1981 an wurden die Maschinen von Frank Christensen hergestellt. Der heutige Firmenbesitzer ist der Flugzeugbauer Aviat Aircraft.

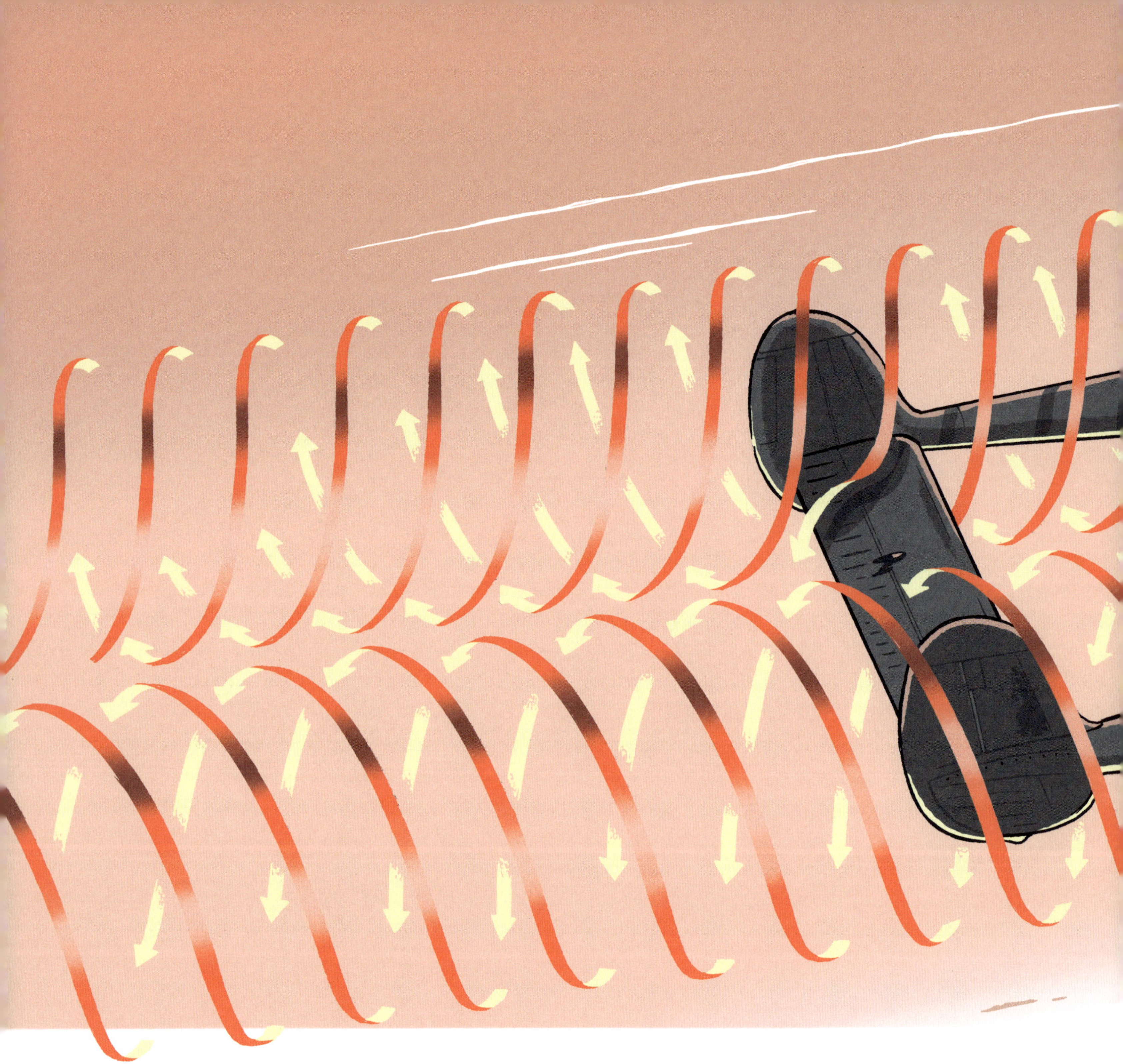

DER DOPPELPROPELLER

Es muss nicht bei einem einzigen Propeller bleiben. 1941 erschien ein Flugzeug mit zwei Propellern auf der Bildfläche. Die amerikanische Luftwaffe wollte ein Jagdflugzeug mit einer Geschwindigkeit von 580 Kilometern pro Stunde in einer Flughöhe von 6000 Metern entwickeln. Ergebnis war die *Lockheed P-38 Lightning*.

Wie der Name schon vermuten lässt, war sie damals eine der schnellsten Maschinen der Welt. Ein Prototyp flog 1939 einen Geschwindigkeitsrekord: in sieben Stunden und zwei Minuten von Kalifornien nach New York. Die beiden starken Motoren hatten jeweils eine Leistung von über 1000 PS. Gekühlt wurden die Propellerturbinen durch Wasser. Sie waren so groß und schwer, dass sie jeweils an Leitwerksträgern befestigt waren, die vorne am Cockpit und am

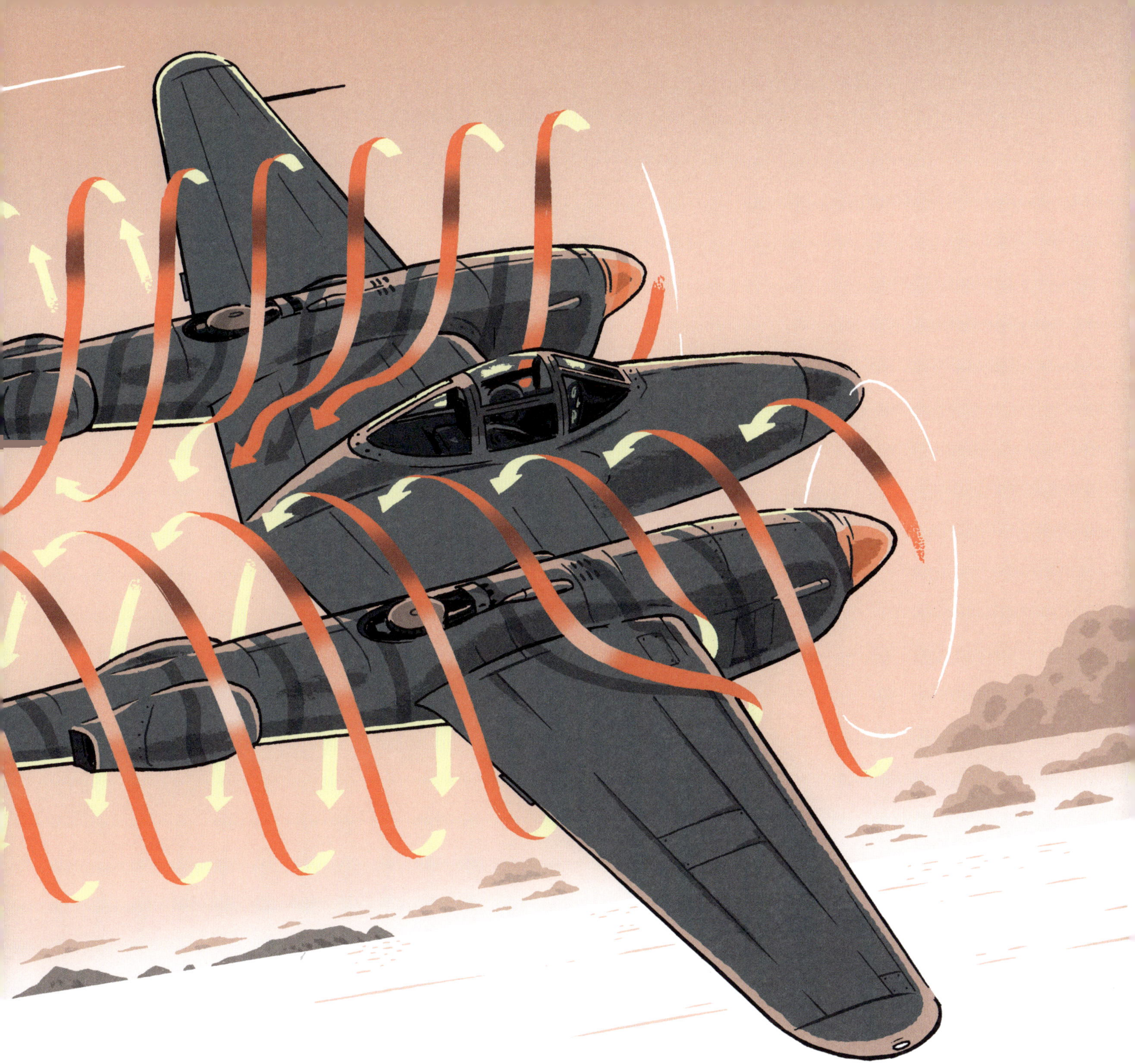

Höhen- und Seitenruder aufeinandertrafen. Das gab der *P-38 Lightning* ihre typische Silhouette am Himmel. Das Cockpit befand sich „oben drauf“, also zwischen den doppelten Rümpfen.

Wenn sich beide Motoren, und damit beide Propeller, in dieselbe Richtung drehen, bekommt das Heck einen enormen Schub und machte das Fliegen zu einer Herausforderung. Aus diesem Grund hat man versucht, die beiden Propellerturbinen in die entgegengesetzten Richtungen drehen zu lassen. Doch Motoren, die sich in unterschiedliche Richtungen drehen, benötigen viel mehr Wartung und somit auch mehr Ersatzteile und so entschied sich die Luftwaffe schließlich dafür, lieber doch Motoren einzusetzen, die in dieselbe Richtung drehen.

Während des Zweiten Weltkriegs war die *P-38 Lightning* eine der erfolgreichsten Maschinen. Viele bekannte Piloten flogen eine *Lightning.*
Charles Lindbergh war nach seinem Atlantikflug ein gefragter Experte für treibstoffsparendes Fliegen. Er unterwies Piloten darin, wie man die starken Motoren einer *Lightning* möglichst sparsam einsetzte.

Auch der Schriftsteller Antoine de Saint-Exupéry, bekannt durch seine poetische Geschichte *Der kleine Prinz,* flog mit diesem Typ – auch bei seinem letzten Einsatz für die französische Luftwaffe. Am 31. Juli 1944 brach er von Korsika zu einem unbewaffneten Fotoaufklärungsflug über Südfrankreich auf. Von diesem Flug kehrte er nicht zurück. Erst im Jahr 2000 wurden die Maschine und ein Armband des

Piloten im Meer vor der Küste Marseilles entdeckt. Vier Jahre später wurde bestätigt, dass es sich um die Maschine und das Armband von Saint-Exupéry handelt.
War es ein Motorschaden, Sauerstoffmangel oder eine Verzweiflungstat? Der Tod des Piloten bleibt rätselhaft. Horst Rippert, ein deutscher Pilot im Zweiten Weltkrieg, behauptete, er habe die Maschine abgeschossen. Das wird in Fliegerkreisen jedoch bezweifelt, zumal er 64 Jahre lang kein Wort darüber verloren hatte.
Die Wrackteile der *P-38 Lightning* sind im Museé de l'Air et de l'Espace in Le Bourget bei Paris ausgestellt. Die menschlichen Überreste von Antoine de Saint-Exupéry wurden nie gefunden.

DIE FUNKTION DER KLAPPEN

Wir wissen schon, dass die Querruder die Position der Tragflächen separat verändern und das Flugzeug somit in eine bestimmte Richtung gelenkt werden kann.
Aber es gibt noch weitere bewegliche Teile am Flügel, die man „Klappen“ nennt. Sie befinden sich in Rumpfnähe. Wer in einem Verkehrsflugzeug beim Flügel sitzt, kann sehen, wie die Klappen ein- und ausfahren. Sie vergrößern oder verringern die Flügeloberfläche. Das verschafft Flugzeugen, die mit geringer Geschwindigkeit fliegen, ausreichenden Auftrieb und macht sie stabil.
Das ist bei Löschflugzeugen wie denen von Canadair wichtig. Sie müssen Riesenmengen Wasser aufnehmen und danach trotz des Extragewichts rasch wieder aufsteigen können. Außer einer großen Flügeloberfläche und zwei starken

Turbopropellern sorgen riesige Klappen dafür, dass die Maschine ihre gefährliche Mission erfüllen kann. Die Klappen sind so groß, dass das Heck ebenfalls größer gebaut werden musste, um das Flugzeug im Gleichgewicht zu halten.
Fliegt das Flugzeug über einem Feuer, zum Beispiel einem großen Waldbrand, ist die Luft sehr turbulent und unstabil. Auch hierbei sind die Klappen wichtig. Die Maschine kann damit langsam fliegen, ohne Auftrieb oder Stabilität zu verlieren. Der Pilot hat so genug Zeit, die Flammen zu löschen. Manche Flugzeuge haben auch vorne am Flügel Teile, die die Oberfläche verändern können. Ausfahrbare Leisten über die gesamte Länge des Flügels heißen Slats oder Vorflügel. Sie werden gemeinsam mit den Klappen eingesetzt, um den Auftrieb bei niedrigen Geschwindigkeiten beizubehalten.

Die *Canadair CL-415* ist der Nachfolger der originalen *Canadair CL-215* und das Löschflugzeug bei Waldbränden schlechthin. Sie hat ein Wasserreservoir von 6000 Litern, das in zwölf Sekunden aufgefüllt werden kann. Das Gewässer, an dem die Maschine Wasser aufnimmt, braucht nur zwei Meter tief und minimal zwei Kilometer lang zu sein. Dadurch findet der Pilot meist einen geeigneten Fluss, See oder Küstenstreifen in der Nähe des Feuers. Oft kommt er bei diesen Flügen Badegästen und Schiffen ziemlich nahe. Gerüchten zufolge können Schwimmer aufgesaugt werden, deren Leichen man dann im Wald findet, in dem eine *Canadair* ein Feuer gelöscht hat, doch das ist unmöglich. Die Öffnungen sind viel zu klein. Wären die Öffnungen so groß, dass Menschen durchpassten, würde die Maschine an der

Wasseroberfläche hängen bleiben und beim Versuch des Aufsteigens kentern.
Eine *Canadair* über einem Waldbrand zu manövrieren ist gefährlich. Nur ein kleines Team von erfahrenen Piloten, für gewöhnlich ehemalige Militärpiloten, dürfen die 125 existierenden Maschinen fliegen. Will man sich diese Flugzeuge einmal ansehen, kann man das auf dem Flughafen Nîmes-Garons in Frankreich tun. Auch in der Türkei, Griechenland, Kanada und Spanien werden sie eingesetzt.
Nach dem Brand von Notre-Dame im April 2019 fragte man sich, warum die *Canadair* nicht angefordert worden war. Doch die Maschine ist nicht zum Löschen derartiger Brände konstruiert. Das Wasser kommt mit solcher Wucht aus dem Flugzeug, das es die Kirche beschädigt hätte.

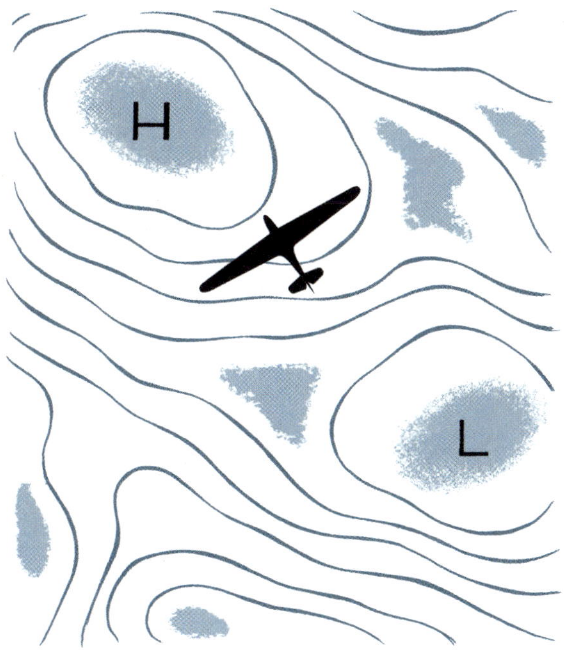

ATMOSPHÄRE UND WETTER

DAS BIOTOP EINES FLUGZEUGS

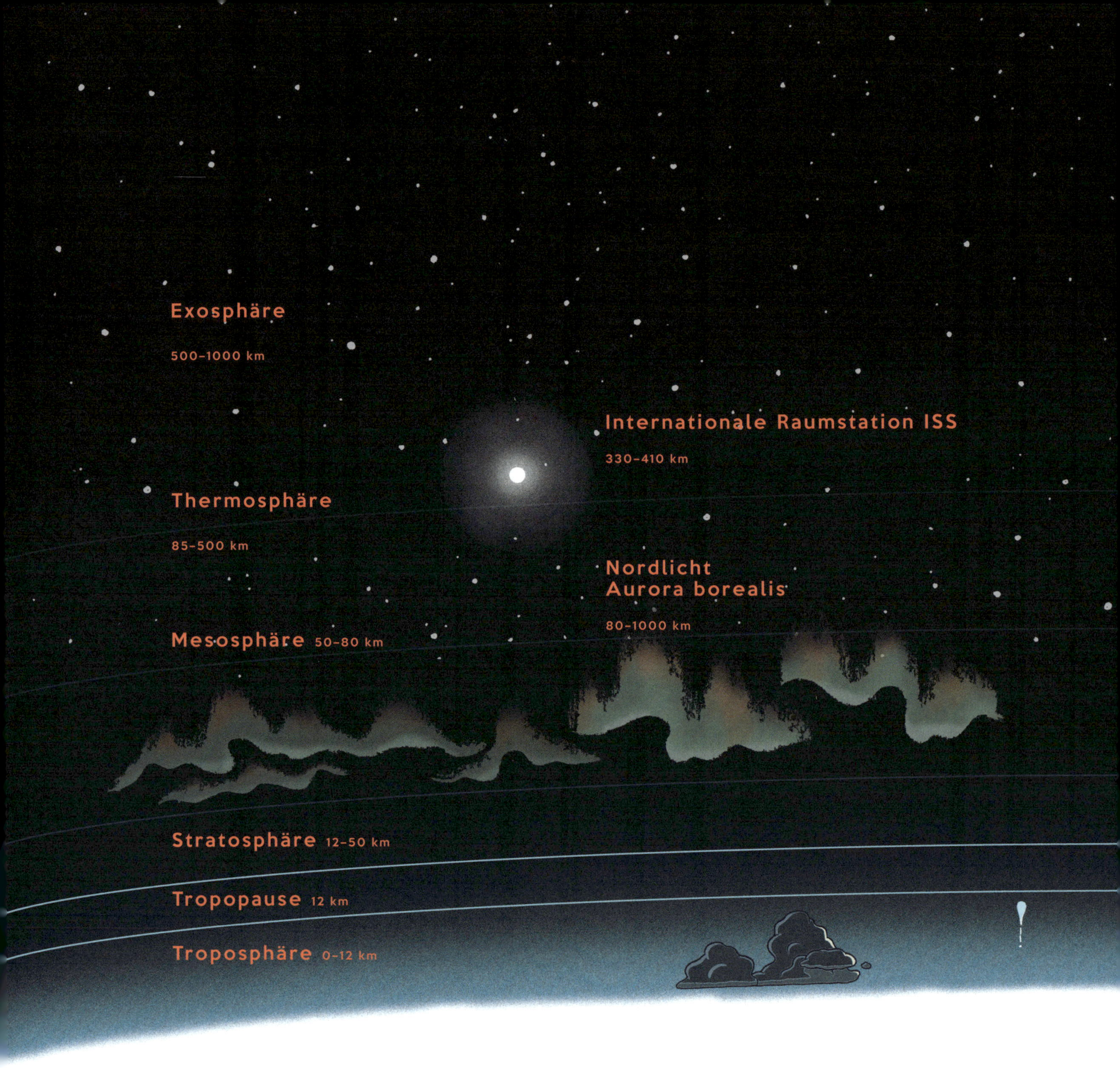

DIE ATMOSPHÄRE

Von der Erde aus scheint die Atmosphäre sehr dick zu sein, doch vom Weltraum gesehen ist die Luftschicht nur eine dünne Hülle rings um den Planeten. Sie schützt uns Erdbewohner vor schädlichen Strahlungen aus dem All.
Bis zu einer Höhe von zwölf Kilometern spricht man von der Troposphäre. In dieser Schicht bildet sich das Wetter, die Wolken. Ganz oben fliegen die Verkehrsflugzeuge. Allgemein gilt: je höher, desto kälter die Temperatur. In der Erdatmosphäre gibt es aber auch eine Tropopause, in der die Temperatur kaum noch fällt. Sie beginnt in etwa sieben Kilometern Höhe an den Polen und in ungefähr 17 Kilometern Höhe am Äquator. Ab der nächsten Atmosphärenschicht steigt die Temperatur allmählich an. Diese Schicht heißt Stratosphäre und ist zwischen 12 Kilometer und 50 Kilo-

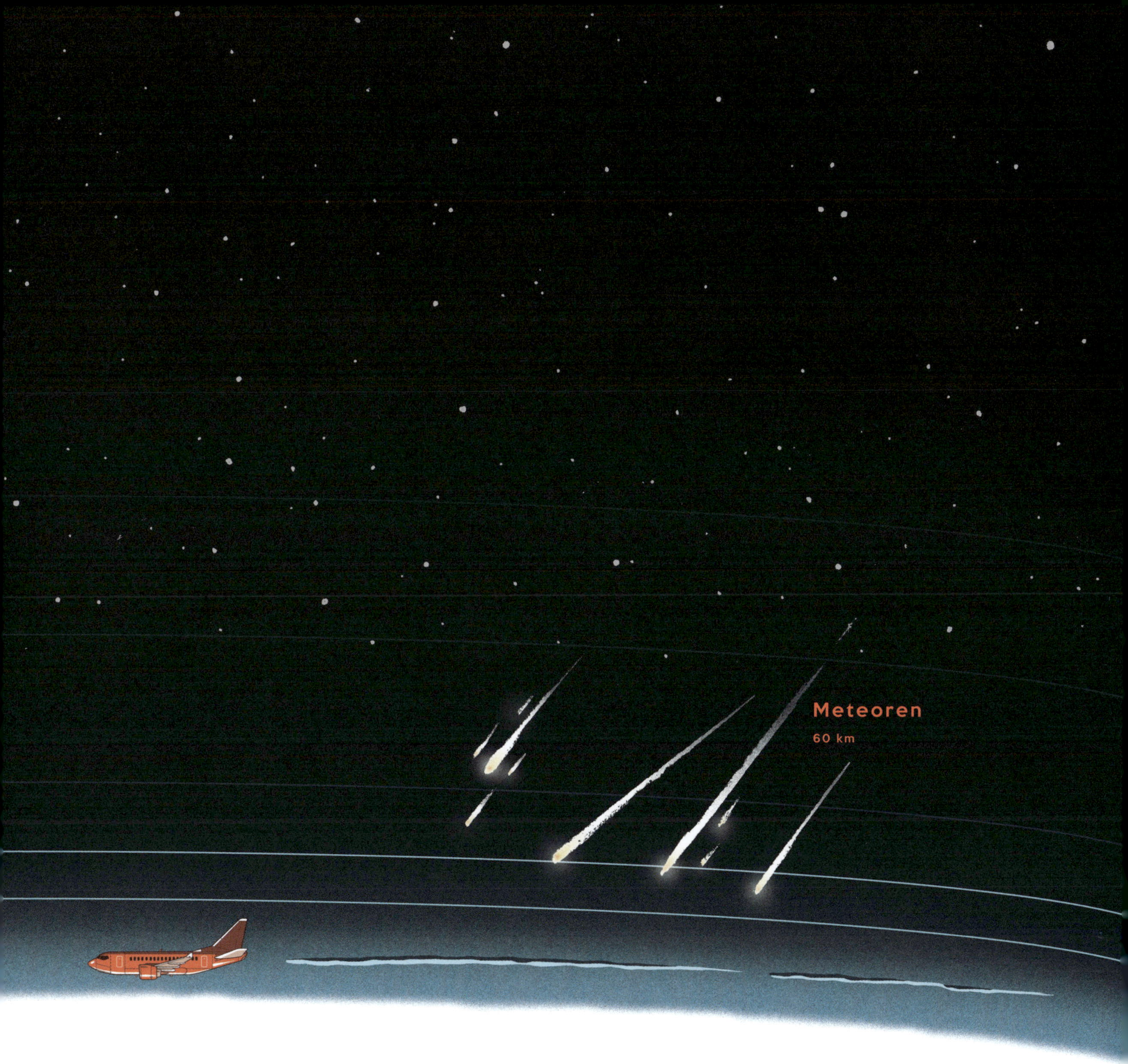

meter vom Boden entfernt. Ganz oben entspricht die Temperatur wieder der auf dem Boden. Über der Stratosphäre befindet sich in 50 Kilometern Höhe die Mesosphäre. Hier sinkt das Quecksilber wieder tüchtig. Am höchsten Punkt der Mesosphäre sind es –100 °C! Dort fängt das Polarlicht an: Elektrisch geladene Teilchen des Sonnenlichts leuchten auf, wenn sie auf die Sauerstoffatome in unserer Erdatmosphäre treffen. Dies verursacht das atemberaubend schöne grüne Licht. Über der Mesosphäre erstreckt sich die Thermosphäre. Hier schwankt die Temperatur enorm: Nachts beträgt sie 300 °C und tagsüber bis zu 1700 °C. In dieser Schicht zieht die Internationale Raumstation ISS ihre Bahn. In 500 Kilometern Höhe beginnt schließlich die Exosphäre. Die wenigen leichten Atome, die hierher gelangen, entweichen ins Weltall.

WOLKENKUNDE

Will man sicher fliegen, sollte man unbedingt die Wettervorhersagen kennen. Die meisten Flugzeuge fliegen in der Troposphäre, der Luftschicht, die der Erdoberfläche am nächsten ist. In dieser Schicht bewegt sich die Luft – der Wind weht –, und man trifft auf Wolken, die etwas über das Wetter aussagen.

Wolken werden in hohe, mittlere und niedrige Wolken unterteilt. Stellen wir uns einen trüben Tag mit wolkenverhangenem Himmel vor. Das sind Stratuswolken, typische niedrige Schichtwolken bei schlechter Wetterlage. Niedere Cumuluswolken verweisen auf sonniges Wetter. Sie sehen wie kleine weiße Wattebäusche aus.

Wolken können auch sehr viel höher hängen und eine größere Ausdehnung haben. Dann spricht man von einem

Stratocumulus. In der höchsten Luftschicht findet man Altostratus, Cirrocumulus, Cirrus und Cirrostratus. Diese Wolken erzeugen aufgrund der vorhandenen Eiskristalle ein Halo, ein kreisrundes Licht um die Sonne. Und dann haben wir noch den berüchtigten Cumulonimbus, eine vertikale Wolke. Weil es in ihr sehr turbulent zugeht, wird eine statische Elektrizität aufgebaut, die sich in Blitz und Donner entlädt.

Der Cumulonimbus wird von Flugzeugen immer umflogen. Der Altocumulus lenticularis ist eine hübsche Wolke, die in Bergregionen vorkommt. Die Wolke ähnelt übereinandergestapelten Scheiben. Erzeugt wird dies von den abwechselnden trockenen und feuchten Luftströmen, die über den Berg wehen. Viele denken oft spontan an eine Fliegende Untertasse, wenn sie diese Wolke erblicken.

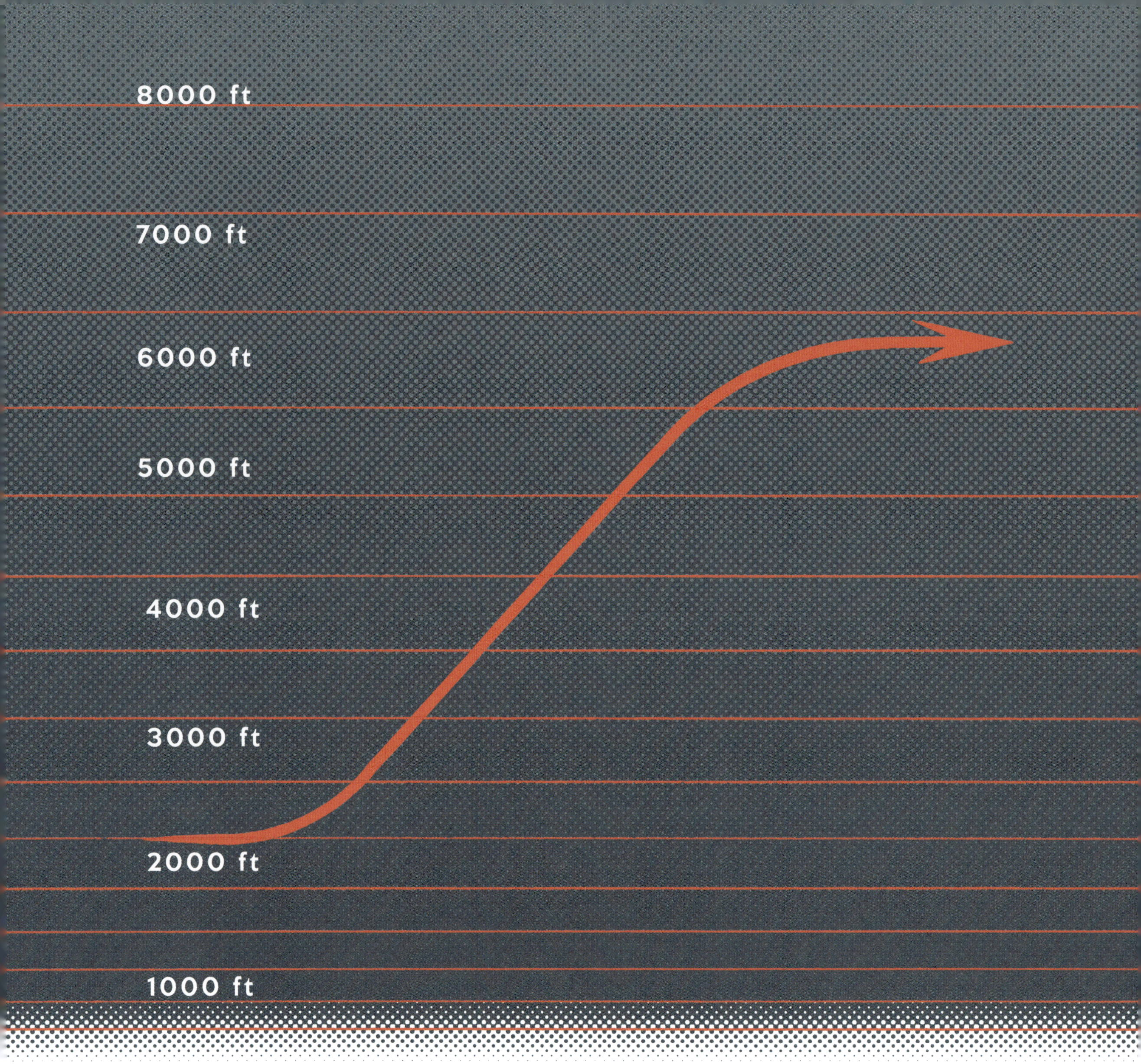

WAS MACHT DIE LUFT MIT EINEM FLUGZEUG?

Wir können die Luft um uns herum nicht sehen. Trotzdem schwirren in ihr unzählige Moleküle. Je näher man der Meereshöhe kommt, desto größer wird die Dichte der Sauerstoffmoleküle und desto höher wird der Luftdruck, den sie ausüben. Ein Flugzeug, das auf Meereshöhe startet, fliegt durch die „dickste" Luft. Steigt es höher, nimmt die Zahl der drückenden Moleküle ab und die Luft wird dünner. Fliegt ein Flugzeug in großer Höhe, also dort, wo die Luft dünn ist, erfährt es den geringsten Widerstand. Hier kann die Maschine mit demselben Energieverbrauch schneller fliegen als in Bodennähe. Ein Flugzeug, das tief fliegt und dieselbe Geschwindigkeit wie hoch oben am Himmel halten möchte, verbraucht demnach mehr Energie. In großer Höhe erfährt die Maschine allerdings weniger Auftrieb, weil dort weniger

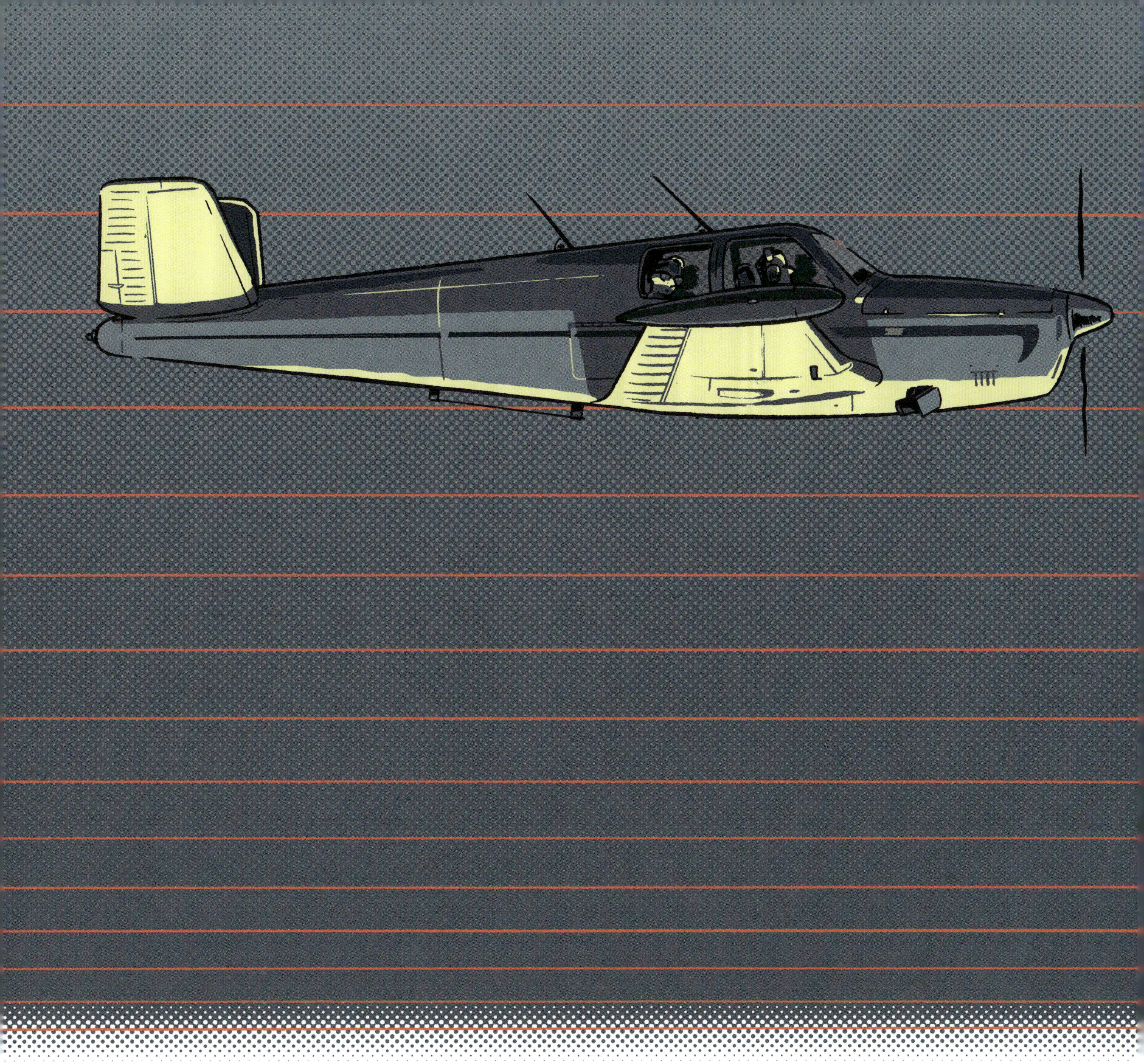

Sauerstoffmoleküle über und unter den Tragflächen strömen. Darum gibt es für Flugzeuge eine Maximalhöhe, in die sie durch ihre Flügel getragen werden können. Der Start einer Maschine in Küstennähe nimmt also nicht so viel Zeit in Anspruch wie ein Start in den Bergen. Die Flugleistung wird noch durch weitere Faktoren bestimmt. So dehnt sich warme Luft aus und ist dünner als kalte Luft.

Ein Flugzeug, das an einem kalten Morgen problemlos abhebt, kommt am warmen Nachmittag manchmal kaum vom Boden, und das auf ein und demselben Flugplatz.
Es ist also äußerst wichtig, dass der Pilot weiß, wie hoch der Luftdruck ist. Zum Glück besitzen Piloten Tabellen, mit denen sie perfekt berechnen können, wie lang die Startbahn sein muss, um sicher abzuheben.

Am Abend des 2. Februar 1959 traten die jungen Rock´n´-Roll-Stars Buddy Holly, Ritchie Valens und J.P. „The Big Bopper" Richardson im Surf Ballroom im amerikanischen Clear Lake auf.
Danach hatten die Musiker keine Lust auf eine lange, kalte Busfahrt zu ihrem nächsten Auftrittsort. Deshalb mieteten sie ein Flugzeug.

Am 3. Februar um ein Uhr nachts hob die *Beechcraft Bonanza*, geflogen von Roger Peterson, am Mason City Municipal Airport in Iowa ab, um in Richtung Hector Airport in North Dakota zu fliegen. Doch sie kam dort nie an.
Nur acht Kilometer von der Startbahn entfernt fand man am nächsten Tag die Maschine. Kurz nach Abflug war sie in einen Schneesturm geraten. Der Pilot konnte nicht mehr auf

Sicht fliegen und musste sich notgedrungen auf seine Bordinstrumente verlassen. Aber Peterson hatte wenig Erfahrung mit dieser Art Blindflug. Er verlor die Orientierung, das Flugzeug stürzte ab. Der Absturz der drei Musiker ging in die Geschichte ein als *The day the music died.*
Die *Beechcraft Bonanza* war bei Privatpersonen und Charterfirmen ein sehr beliebtes Flugzeug. Etwa 17 000 Maschinen wurden gebaut. Und das, obwohl die drei Musiker nicht die Einzigen waren, die mit einer *Bonanza* abstürzten: Apple-Mitbegründer Steve Wozniak überlebte am 7. Februar 1981 so einen Absturz.
1964 verunglückte der Countrysänger Jim Reeves und 1982 der Rockgitarrist Randy Rhoads, beide an Bord einer *Beechcraft Bonanza*.

TURBULENZ UND THERMIK

An warmen Tagen entstehen Turbulenzen und Thermik, bedingt durch die Sonne, die den Boden und die darüberliegenden Luftschichten erwärmt. Besonders über warmen Flächen wie Industriegebieten kommen Turbulenzen und Thermik häufig vor.
Bei kühleren Flächen wie Wäldern oder kleinen Seen ist das weniger der Fall. Luft, die sich erwärmt, steigt auf, das nutzen zum Beispiel Heißluftballons. Es entsteht also ein Aufwind, und das nennt man Thermik. Je stärker der Temperaturunterschied zwischen der aufsteigenden Luft und der umgebenden Luft ist, desto stärker ist auch der Aufwind. In großer Höhe ist es kälter. Dort kondensiert der Wasserdampf im Aufwind und es entstehen Wolken. Man spricht dann von Feuchtthermik. Ist die aufsteigende Luft zu

trocken, entstehen keine Wolken. Dann handelt es sich um Trockenthermik. Wenn sie in eine labile Luftschicht fliegen, bekommen die meisten Flugzeuge Probleme mit den Luftunruhen und wackeln dann heftig. Anders ist es bei Segelflugzeugen, die sich die Thermik zunutze machen, indem sie über warmen Flächen kreisen. Dank der langen Flügel der Maschine können die Piloten im Aufwind segeln und immer höher und weiter fliegen, und das ohne Motor. Sie lassen sich mit einer Seilwinde oder von einem Motorflugzeug hochziehen und gleiten dann zu einer Stelle mit viel Thermik. Um solch warme Luftblasen zu finden, nutzen die Piloten die Hilfe von Vögeln. Diese nutzen für den Kräfte sparenden Gleitflug ebenfalls warme Aufwinde und zeigen Segelfliegern geeignete Luftblasen an.

Der *DFS Habicht* war ein von Hans Jacobs entworfenes kunstflugtaugliches Segelflugzeug. Die Maschine sollte 1936 den Zuschauern der Olympischen Spiele in Berlin imponieren. Eine der vier gebauten Holzmaschinen vollführte akrobatische Kunststücke über dem Olympiastadion. Pilotinnen wie Hanna Reitsch priesen den *Habicht* wegen seiner Wendigkeit und seines Steuerungsvermögens. Das Flugzeug hatte eine Spannweite von 13,6 Metern, was für ein Segelflugzeug ziemlich kurz ist. Aber so konnte es gut rollen und war äußerst robust. Die Maschine konnte mit einer Fliehkraft von +12 g und −9 g fertig werden. Das sind extrem große Kräfte, denn sobald eine Kraft größer oder kleiner wird als +1 g, ist ein Effekt bereits spürbar. Irgendwann kam eine Maschine mit noch kürzeren Flügeln auf den Markt, der

„Stummel-Habicht". Mit diesem Übungsflugzeug sollten die jungen Piloten der deutschen Wehrmacht an das Fliegen mit der *Messerschmitt ME 163* „Komet" gewöhnt werden. Diese Maschine mit Raketenantrieb landete mit sehr hoher Geschwindigkeit, genau wie der Stummel-Habicht.
Nur ein einziger *Habicht* überstand den Zweiten Weltkrieg. Er ist im Pariser Luftfahrtmuseum ausgestellt.

Von Josef Kurz und anderen Mitgliedern des Oldtimer Segelflugclub Wasserkuppe in der Rhön, einer Vereinigung, die sich der Geschichte der Segelflugzeuge verschrieben hat, wurde in den 1980er-Jahren ein *Habicht* nachgebaut. Ein weiterer *Habicht* ist Dieter Kemler und der Familie Zahn zu verdanken. Heute gibt es damit wieder drei flugtaugliche Exemplare dieses berühmten Segelflugzeugs.

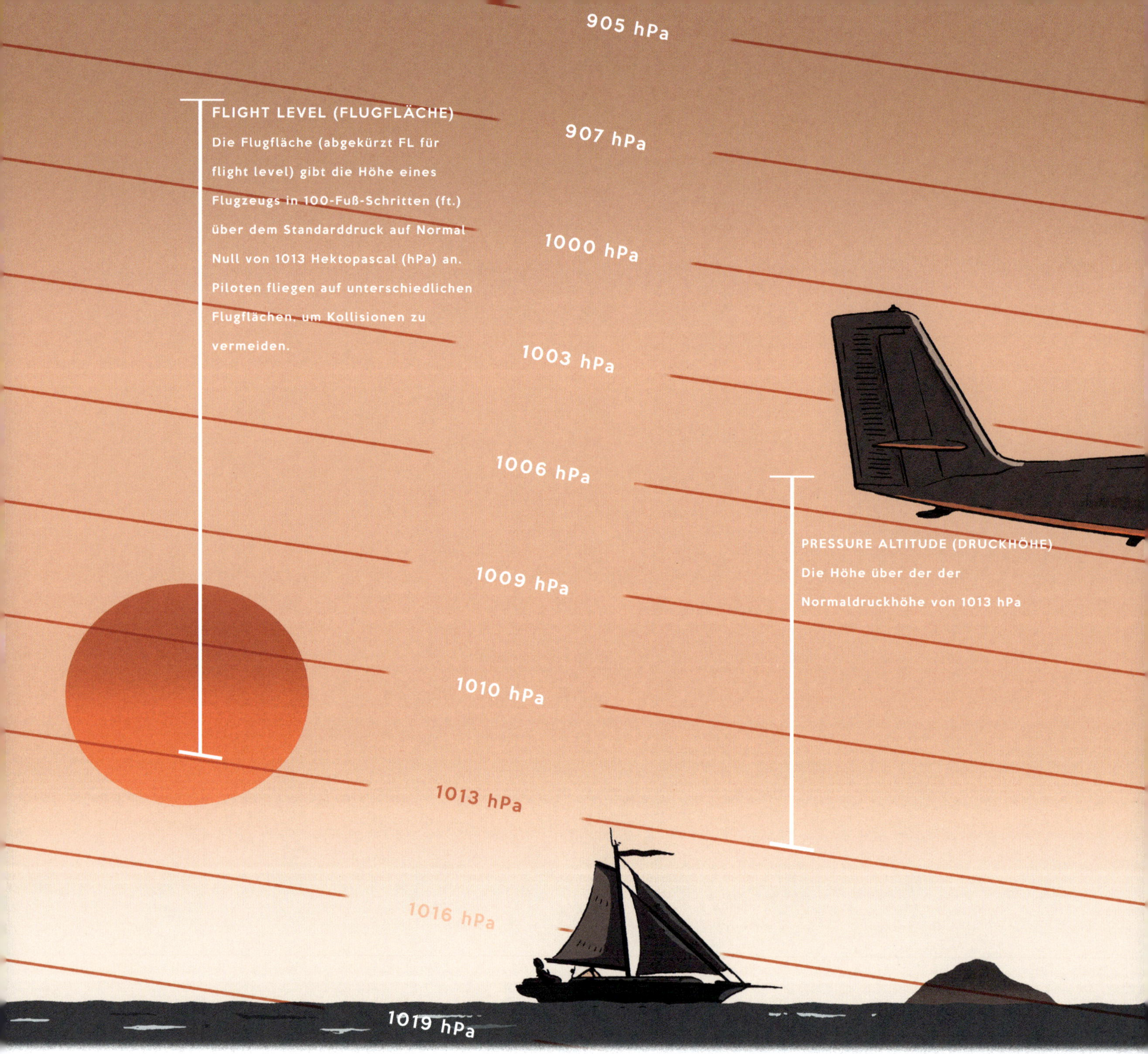

HÖHENMESSER

Die Flughöhe eines Flugzeugs ist enorm wichtig. Deshalb verfügt der Pilot über einen Höhenmesser, der den Luftdruck der Außenluft misst. Je niedriger der Luftdruck ist, desto höher fliegt die Maschine. Aber nicht überall auf der Welt ist der Luftdruck gleich, also braucht es einen Referenzdruck, um alle Höhenmesser eichen zu können: die weltweit genutzte *International Standard Atmosphere* (ISA).

Der Referenzwert ist ein Druck von 1013 Hektopascal (hPa) auf Meereshöhe bei einer Temperatur von 15 °C. Kurz vor dem Abflug erhalten Piloten Informationen über den örtlichen Luftdruck auf Meereshöhe, der dann eingestellt wird. Einmal in der Luft, weiß der Pilot, wie hoch die Maschine über dem Meeresspiegel fliegt. Aber der lokale Luftdruck des Zielorts ist häufig ein anderer als der am Abflugort.

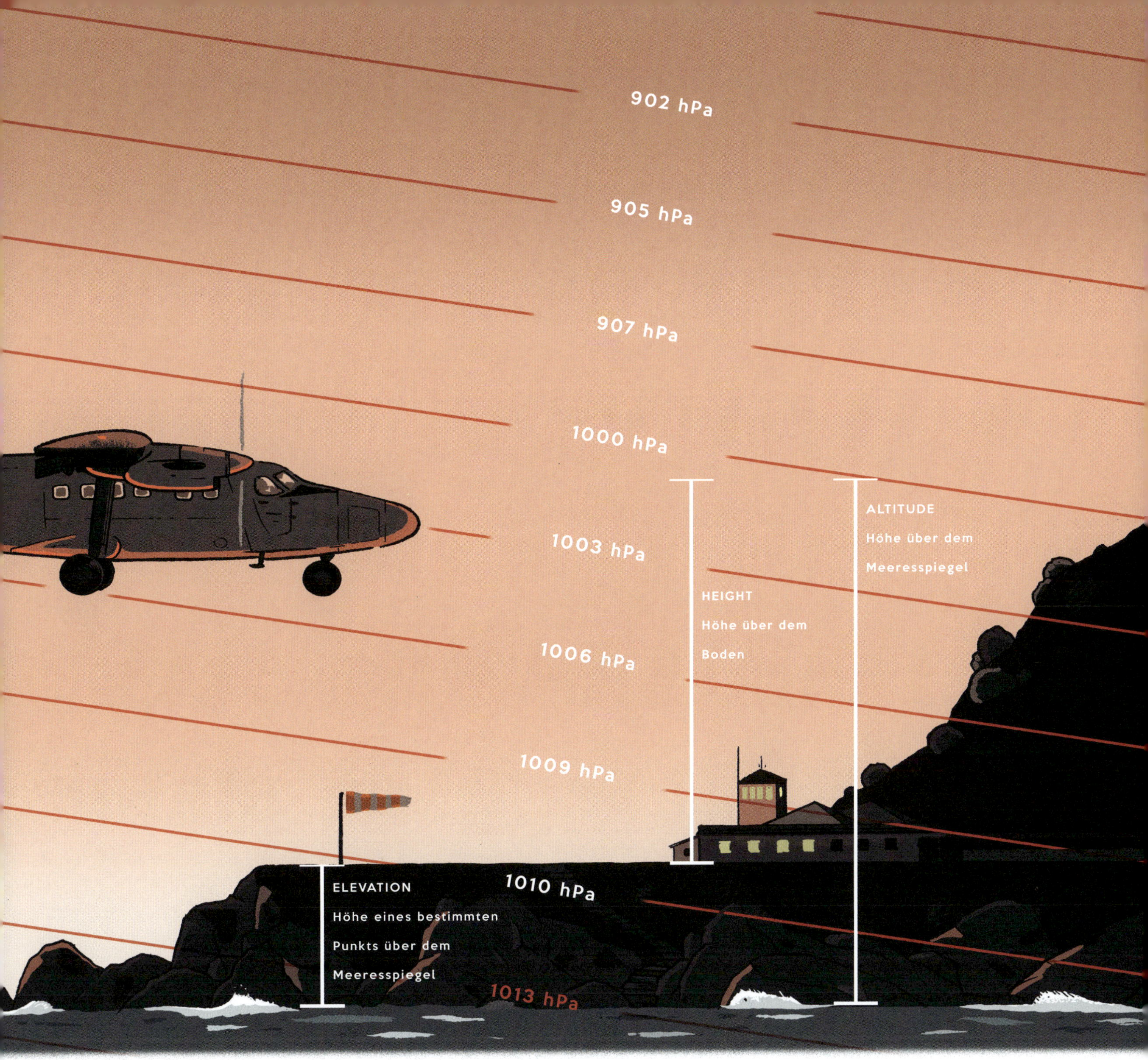

Den muss der Pilot vor der Landung ermitteln und einstellen. Geschieht das nicht, und der Luftdruck ist am Zielort geringer, fliegt die Maschine niedriger, als es der Höhenmeter angibt. Wenn der Zielort höher liegt als der Abflugort, kann der Pilot in arge Schwierigkeiten kommen. Bei Flügen in großen Höhen werden alle Höhenmesser auf den ISA-Wert eingestellt und nicht auf den lokalen Druck. Auf dieser Höhe spricht man nicht mehr vom Längenmaß Fuß, sondern von *flight levels*, Flugflächen. *Flight level* 100 oder FL100 steht für eine Höhe von 10 000 Fuß. Andere Flugzeuge in der Umgebung müssen dann einen vorgegebenen Abstand halten. So behalten Piloten im Blick, wie hoch sie und andere Maschinen fliegen, mit einem Höhenunterschied von mindestens 500 Fuß (ungefähr 150 Metern).

SPOT ON: *DE HAVILLAND CANADA DHC-6 TWIN OTTER* / 1965

Stellen wir uns einmal vor, wir möchten zur Insel Saba in der Karibik fliegen. Sie ist nur 13 Quadratmeter groß und hat zusammen mit dem Flughafen Matekane im afrikanischen Lesotho eine der kürzesten Landebahnen der Welt. Die Piste ist gerade mal 400 Meter lang. Man kann von der Nachbarinsel St. Martin aus gut abfliegen, doch wenn man auf Saba landet, kommen Meer und Felsen dem Flugzeug gefährlich nahe. Der Pilot hat im kleinen Cockpit jede Menge zu tun. Und bevor der Passagier sich versieht, ist er auf einer der schwierigsten Landebahnen weltweit gelandet. Erleichterung macht sich breit. All das ist dank der *Twin Otter* möglich. Die kleine zweimotorige Maschine wurde für 19 Passagiere und zwei Piloten konstruiert, um schwer erreichbare Orte anfliegen zu können. Sie ist ein sogenanntes *Short Take-off*

and Landing (STOL)-Flugzeug, das als Sanitätsflugzeug, als Wasser-, Schnee- oder Waldflugzeug eingesetzt wird. An besonderen Orten sieht man es demnach häufig: bei den karibischen Inseln, in Alaska, in der Antarktis und entlang der Inseln im Pazifik. Piloten, die den Flugplatz von Saba anfliegen, müssen eine spezielle Ausbildung hinter sich haben und in Besitz einer besonderen Flugerlaubnis sein.

Die *Twin Otter* ist ein ideales Rettungsflugzeug, das sich in rauen Gegenden behaupten kann. 2016 wurde es zum dritten Mal als Rettungsflugzeug am Südpol eingesetzt, als zwei Forscher dringend medizinische Hilfe benötigten. Für die meisten anderen Maschinen wäre ein Flug zum Südpol zwischen März und Oktober, wenn dort völlige Dunkelheit herrscht und die Temperatur bis auf –80 °C sinkt, unmöglich.

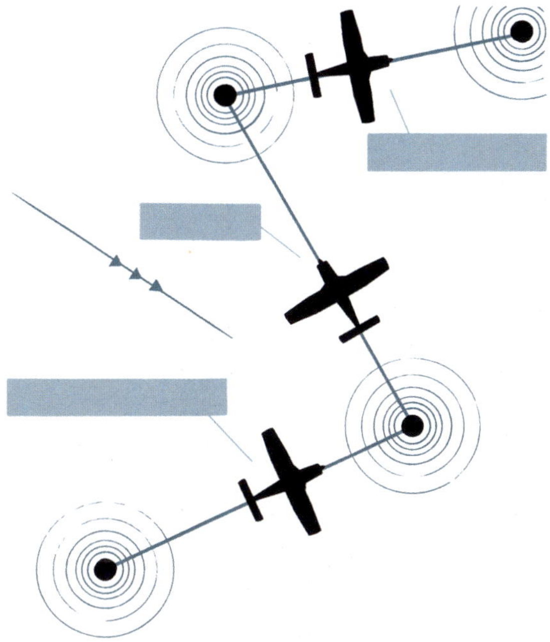

KOMMUNIZIEREN UND NAVIGIEREN

LUFTVERKEHRSORDNUNG

KOMMUNIKATION PER FUNK

Wie kann man unmissverständlich in verschiedenen Sprachen über Funk kommunizieren? Das hat sich der kanadische Sprachwissenschaftler Jean-Paul Vinay auch gefragt. 1949 präsentierte er ein besonderes Alphabet, das er gemeinsam mit der Internationalen Zivilluftfahrtorganisation ICAO (International Civil Aviation Organization) entwickelt hatte: Buchstaben und Ziffern, die in Englisch, Spanisch und Französisch leicht verständlich und vom Piloten einfach auszusprechen sind. Außerdem wurden nur Wörter gewählt, die keinen negativen Beiklang besitzen. Irrtümer zwischen Buchstaben und Ziffern sind in dem System ausgeschlossen. Vor dem Zweiten Weltkrieg gab es bereits ein Alphabet, das Able-Baker-Alphabet, doch das bediente ausschließlich die englische Sprache. Nach 1945 genügte das nicht mehr, weil

A	ALFA	N	NOVEMBER
B	BRAVO	O	OSCAR
C	CHARLIE	P	PAPA
D	DELTA	Q	QUEBEC
E	ECHO	R	ROMEO
F	FOXTROT	S	SIERRA
G	GOLF	T	TANGO
H	HOTEL	U	UNIFORM
I	INDIA	V	VICTOR
J	JULIETT	W	WHISKEY
K	KILO	X	X-RAY
L	LIMA	Y	YANKEE
M	MIKE	Z	ZULU

0	ZERO	5	FIVE
1	ONE	6	SIX
2	TWO	7	SEVEN
3	TREE	8	EIGHT
4	FOUR	9	NINE

die Flugwelt weitaus internationaler geworden war. Das internationale Sprechfunk-Alphabet von Jean-Paul Vinay wurde von Fluglotsen, Piloten und Funkpersonal aus 31 verschiedenen Nationen getestet.

Seit 1956 wird dieses Alphabet überall auf der Welt benutzt. Wer etwas am Telefon buchstabieren muss, kann dieses System nutzen, um Missverständnissen vorzubeugen.

Fast alle Flugzeuge verfügen außerdem noch über einen Transponder. Senden Antennen auf dem Boden bestimmte Signale aus, antworten die Transponder automatisch. Der Transponder selbst kann auch ein Signal senden, das der Pilot einstellen kann: einen Code aus vier Ziffern. Bei einer Flugzeugentführung lautet der Code 7500, bei Funkstörungen 7600 und bei Notfällen 7700.

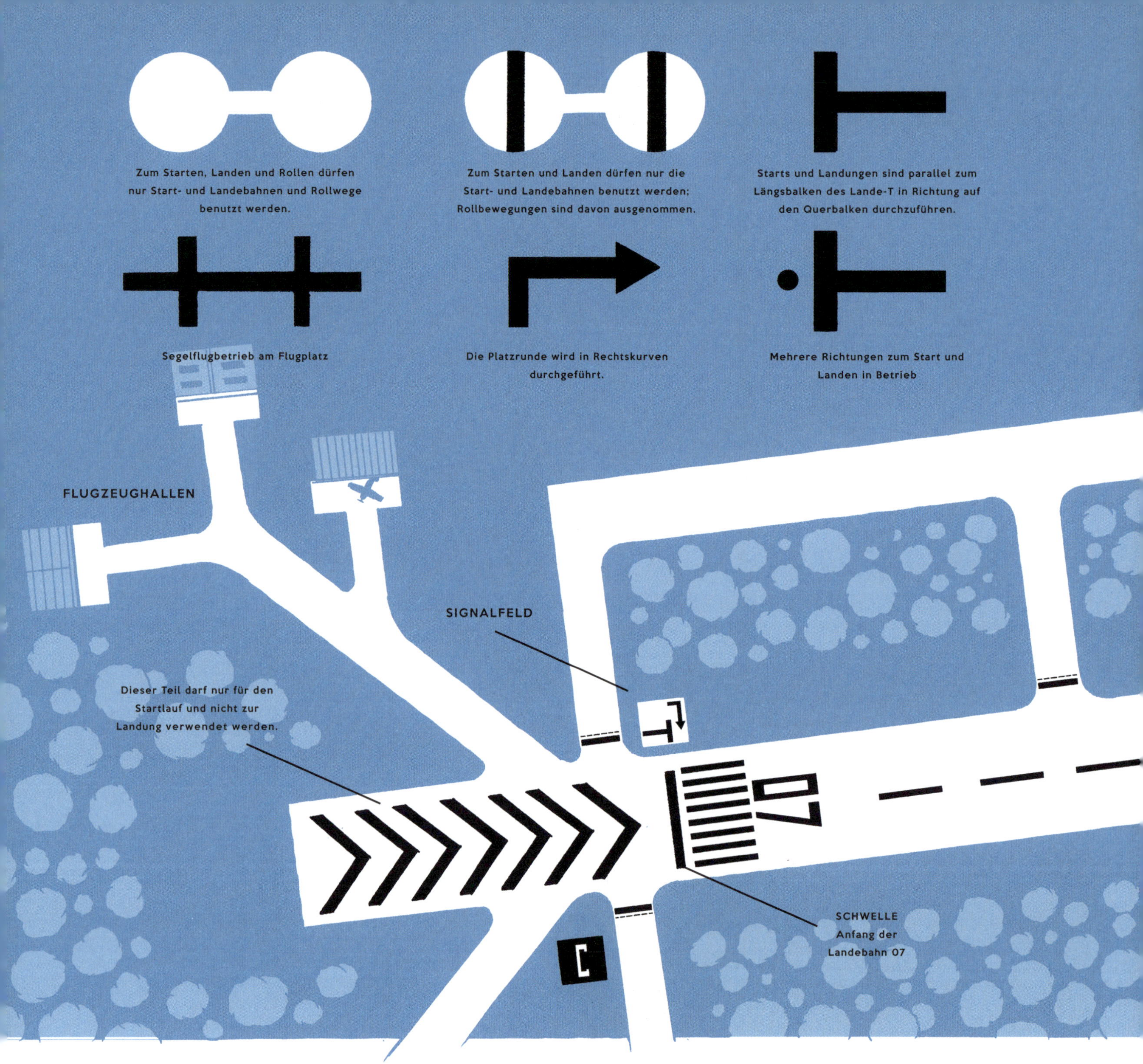

KOMMUNIKATION PER BODENMARKIERUNGEN

Der Pilot kommuniziert mit dem Boden nicht nur über Funk und Transponder. Auf Flugplätzen gibt es zudem ein Signalfeld mit Zeichen, die aus der Luft deutlich erkennbar sind. Piloten erkennen anhand dieser Zeichen wichtige Landeinformationen. Auf der hier abgebildeten Illustration ist zu sehen, dass Landebahn 07 und der Rechtsverkehr in Betrieb sind.

Die Bahnen des Flugplatzes sind ebenfalls mit Zeichen versehen. Jede Piste oder *runway* hat einen „Zebrastreifen", der den Beginn und das Ende der Start- oder Landebahnen anzeigt. In der Fliegersprache nennt man ihn Schwelle. Auf dem *overrun*, der Sicherheitszone auf dem unbenutzbaren Teil der Bahn, sind Pfeile bis an die Schwelle angebracht. Über die Rollwege erreichen die Maschinen die Piste.

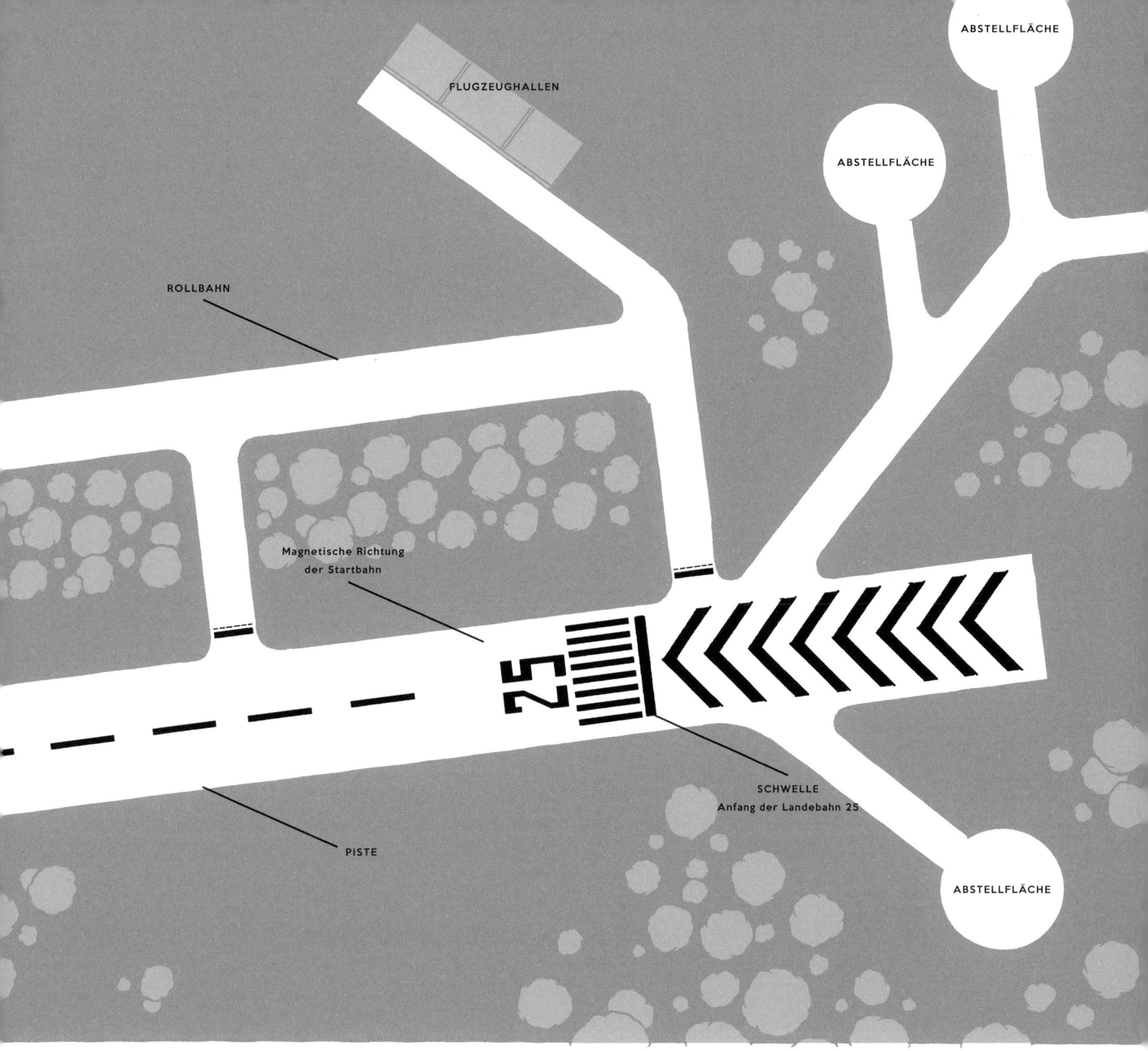

Der Rollhalt am Ende der Rollbahn ist mit einer Strichellinie und einem Balken angedeutet.

Die Zahl auf der Bahn gibt die Richtung der Piste als Winkel zwischen dem magnetischen Nordpol und der Pistenausrichtung gerundet auf die ersten beiden Stellen an.

Auf dem Flugplatz auf diesem Bild gibt es zwei Bahnen: *RWY 07* und *RWY 25*. *RWY 07* beschreibt einen Winkel von ungefähr 70 Grad mit dem magnetischen Nordpol, die andere Bahn beschreibt einen Winkel von ungefähr 250 Grad.

Ein Flugzeug steigt normalerweise gegen den Wind auf, also wird die Bahn mit dem meisten Gegenwind genutzt.

Große Flughäfen haben oft mehrere, sich kreuzende Bahnen in verschiedene Richtungen, so dass immer eine Bahn optimal gegen den Wind ausgerichtet ist.

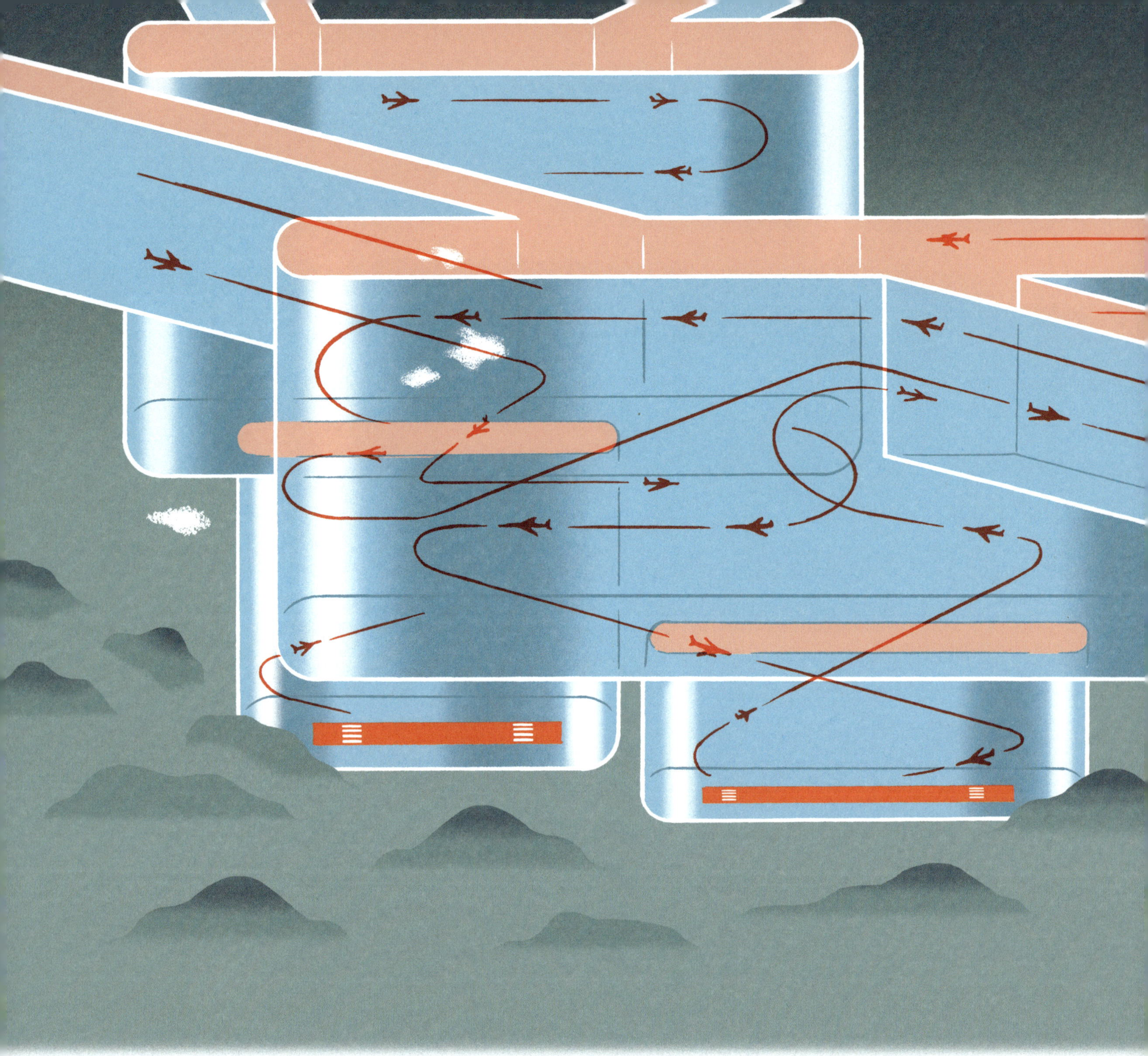

DER LUFTRAUM

Flugzeuge fliegen nicht einfach auf gut Glück durch die Luft. Der Luftraum ist weltweit gemäß internationalen Vereinbarungen eingeteilt, damit der Flugverkehr sicher ablaufen kann. Auf Flugplätzen kommt eine Menge Flugverkehr zusammen. Große Flugplätze haben eine Flugverkehrskontrolle, die den ankommenden und abgehenden Verkehr regelt. Fliegt ein Flugzeug in den Luftraum eines Flughafens, wird es dem Turmlotsen angezeigt. Der Fluglotse gibt dem Piloten dann per Funk Instruktionen. So kommen sich die Flugzeuge nicht in die Quere und landen erst, wenn eine Landebahn frei ist.

Während des Fluges gibt es noch weitere Verkehrsregeln. Sie folgen imaginären Routen, regelrechten Autobahnen im Luftraum, die man Luftstraßen nennt. Doch nicht jedes

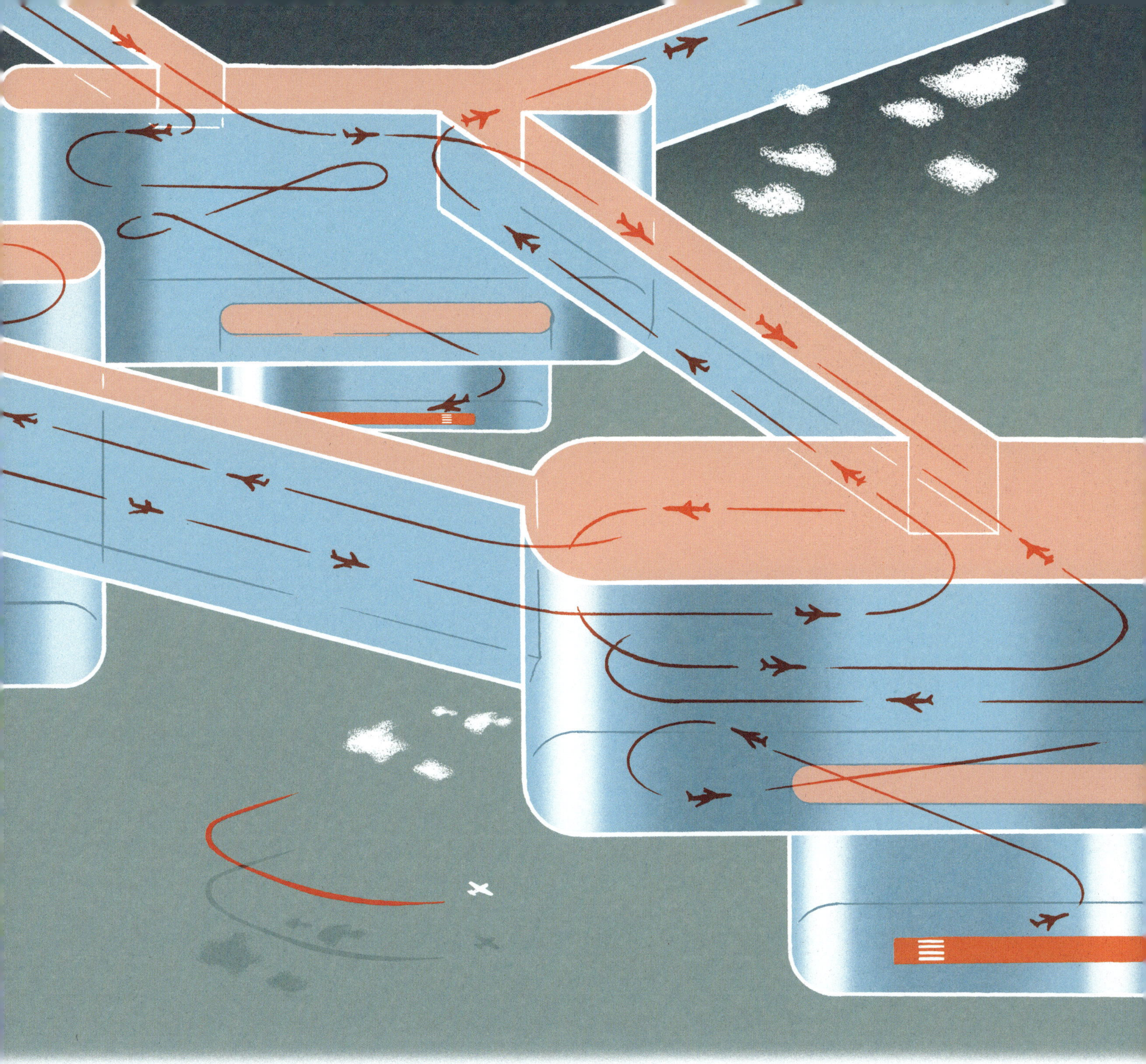

Fluggebiet der Welt wird überwacht. Manchmal müssen Piloten selbst auf den Flugverkehr um sie herum achtgeben. Kreuzt das Flugzeug dann wieder kontrolliertes Gebiet, muss der Pilot mit dem lokalen Fluglotsen Kontakt aufnehmen und die Erlaubnis einholen, in den Luftraum einzudringen.
Über manchen Gebieten darf nicht oder fast nicht geflogen werden. Der Luftraum wird dort in verbotene, eingeschränkt zugängliche und gefährliche Zonen eingeteilt. Über den königlichen Domänen im belgischen Laken darf zum Beispiel überhaupt kein Flugverkehr stattfinden – nicht einmal in großer Höhe. In Deutschland muss für den Überflug spezieller Gebiete wie das Berliner Regierungsviertel eine Erlaubnis eingeholt werden..

DIE NAVIGATION

Bei starkem Nebel oder während eines Nachtflugs können Piloten nicht auf Sicht fliegen. Sie müssen ihren Instrumenten vertrauen, die ihnen dabei helfen, das Flugzeug zu steuern und es zu seinem Bestimmungsort zu navigieren. Heutzutage können sie sich dabei auf Satellitennavigationssysteme wie GPS verlassen. In früherer Zeit – und zum Teil auch noch heute – kamen Funkbaken zum Einsatz, eine Art Leuchtturm für Piloten, die auf bestimmten Frequenzen Signale aussenden. Ein spezielles Funkgerät im Cockpit empfängt diese Signale. Ein weiteres Gerät deutet die magnetische Richtung oder *heading* an, der der Pilot folgen muss. Das ist gar nicht so einfach. Vor allem dann, wenn ein starker Wind weht, in der Fliegersprache *drift* genannt, und die Maschine aus der Flugrichtung drängt. Wenn der Pilot

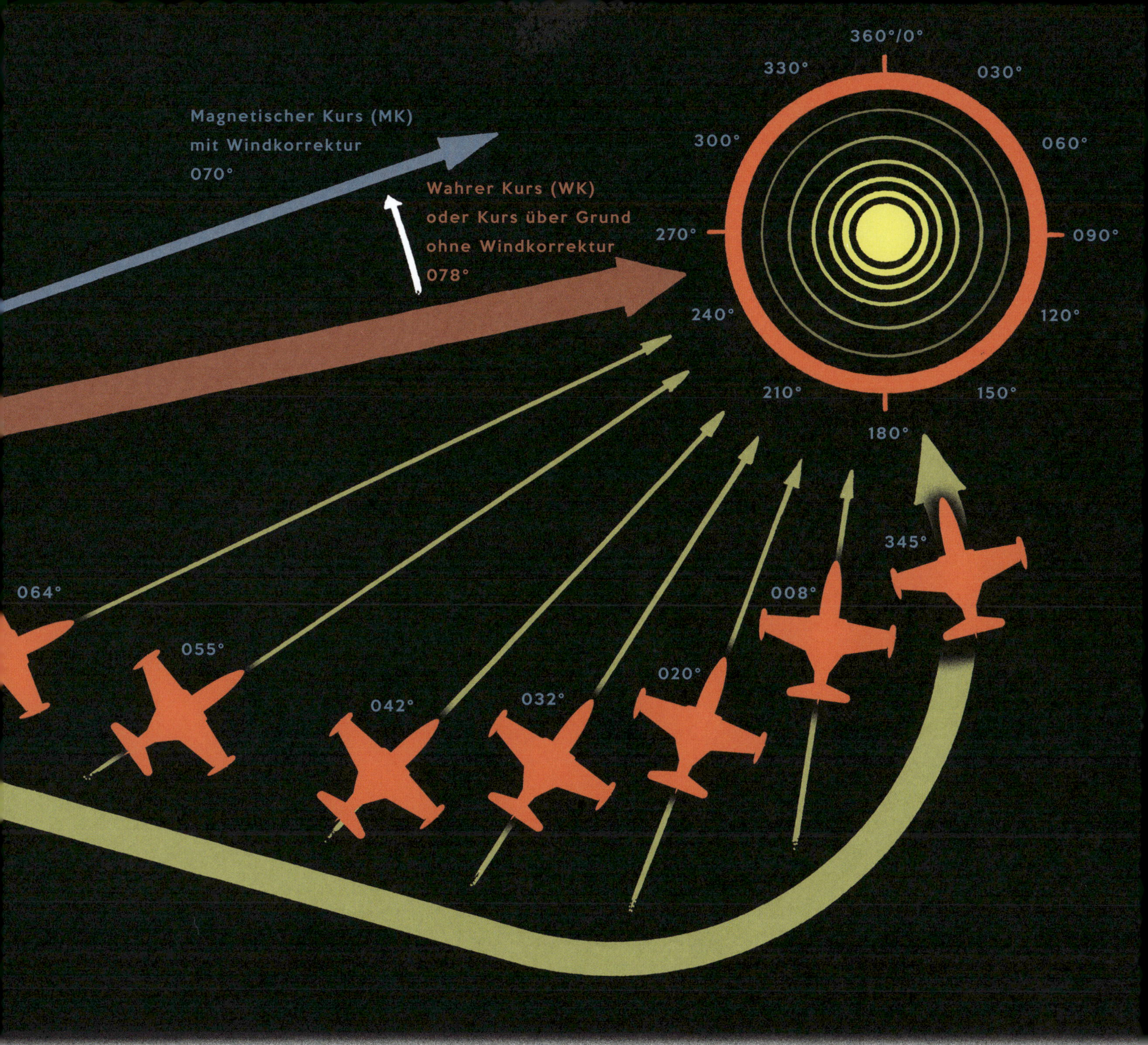

dies nicht beachtet, weicht die Maschine immer weiter vom Kurs ab, den er ständig anpassen muss, um die Funkbake zu erreichen. Das gelingt zwar, aber es kostet mehr Zeit und Treibstoff. Das Ganze bezeichnet man als *homing*, eine Folge von unfachmännischem Navigieren. Um dies zu vermeiden, berechnet der Pilot vor dem Flug, wie viel Driftkorrektur er einplanen muss, um den Effekt des Windes zu neutralisieren und direkt zur Funkbake zu fliegen. Wenn das gelingt, fliegt das Flugzeug mit der Nase in die magnetische Richtung auf wahrem (direktem) Kurs (roter Pfeil) auf die Funkbake zu. Das wird *tracking* genannt. Die Redensart *Right on track* – voll auf Kurs – geht darauf zurück.

DIE ZUKUNFT DES FLIEGENS

ENTWICKLUNG VON FLUGZEUGEN HEUTE

DER ZEPPELIN

Der *LZ-127 Graf Zeppelin* war Anfang des 20. Jahrhunderts zweifellos eine der eindrucksvollsten Erscheinungen am Himmel. Der große zigarrenförmige Ballon mit einer Gerippe-Konstruktion aus Aluminium ging auf eine Idee von Ferdinand von Zeppelin zurück, der ein Vermögen in seine Entwicklung investierte. Der Zeppelin hatte Probleme beim Start, wurde aber bei der besseren Gesellschaft schnell beliebt und wurde zum erfolgreichsten Verkehrsluftschiff seiner Zeit. Bis es 1937 zur Katastrophe kam: Als der *LZ-129 Hindenburg*, ein Nachfolger des *Graf Zeppelin*, im amerikanischen Lakehurst, unweit von New York, landen wollte, ging er in Flammen auf. Die Bilder der Katastrophe gingen um die Welt. Die Ära des Zeppelins war mit einem Schlag vorbei – zumindest bis 1993, als in Friedrichshafen in der

Fabrik des Grafen von Zeppelin, der Geburtsstätte des Luftschiffs, der Betrieb wiederaufgenommen wurde. Ein neuer Zeppelin wurde entwickelt und erhielt den Namen *Zeppelin NT* (New Technology).
Der britische Hersteller von Hybridluftschiffen Hybrid Air Vehicles arbeitet ebenfalls an einer Maschine, die dank großer Mengen Heliums leichter als Luft sein soll. Ihr *HAV 304-Airlander 10* ist mäuschenstill und umweltfreundlich. Wegen seiner stromlinienförmigen, runden Form erhielt das Luftschiff den Spitznamen „Flying bum", Fliegender Hintern. Ziel ist die Entwicklung eines Modells, das seine Passagiere stilvoll transportieren kann: in einer Schlafkabine mit Glasfußboden, durch den man die wunderbare Aussicht genießen kann.

DAS FLIEGENDE AUTO

Die Idee, fliegende Autos zu bauen, ist fast so alt wie das Auto selbst. Und je länger die Staus werden, desto häufiger taucht die Idee wieder auf. Auch heutzutage lebt dieser futuristische Traum, auch wenn er noch lange nicht Wirklichkeit ist.

Fliegende Autos sind eine große Herausforderung. Sie müssen praktisch, sicher und einfach zu steuern sein. Idealerweise brauchen die Piloten keinen Flugschein. Henry Ford hatte schon 1926 Pläne, den *Ford Flivver* in Produktion zu bringen, doch das Projekt scheiterte nach einem Absturz, bei dem der Pilot ums Leben kam. Seither wurden Dutzende neue Versuche unternommen, getestet und fallen gelassen. In Filmen kommt das fliegende Auto allerdings oft vor, denken wir nur an *Tschitti Tschitti Bäng Bäng*, *Zurück in die*

Zukunft, *Star Wars* und *Blade Runner*. Mit dem Aufkommen von Drohnen, GPS und selbstständig fahrenden Autos haben visionäre Unternehmer die Idee wieder aufgenommen. In Silicon Valley entwickelt der kanadische Luftfahrtbetrieb Opener einen Einsitzer mit acht Propellern, den *BlackFly*. Das amerikanische Unternehmen LIFT wiederum baut die Drohne *Hexa* mit 18 Rotoren, die elektrisch angetrieben wird und ohne Pilotenschein geflogen werden kann. Und in China wird ein Drohnentaxi entwickelt, das *Autonomous Areal Vehicle* (AAV).

Ob wir jemals mit fliegenden Autos unterwegs sein werden, ist noch unklar, geschehen am Boden doch schon genug Autounfälle. Müssten wir auch noch den Himmel im Auge behalten, könnte es ganz schön hektisch werden!

„SON OF CONCORDE“

Die *Concorde* war das erste Überschalllinienflugzeug, das in der Rekordzeit von dreieinhalb Stunden von Paris nach New York fliegen konnte. Wegen des Zeitunterschieds kam es dort sogar früher an, als es abgeflogen war. Die Maschine war das Parademodell der Flugzeughersteller Aérospatiale und British Aircraft Corporation, heute British Aerospace. Doch zunächst stieß es auf breite Ablehnung, zum einen wegen der Lärmbelästigung des Knalls, wenn es die Schallmauer durchbrach. Zudem sorgte man sich um die Luftverschmutzung und das Sicherheitsrisiko. Der Jungfernflug nach New York wurde sogar abgesagt, weil die Vereinigten Staaten keine Landeerlaubnis erteilten.

Der Linienbetrieb des Überschallflugzeugs startete schließlich 1977 mit dem Flug einer *Concorde* von Paris nach New

York. Da ein Ticket London–New York für beide Strecken über 8000 Pfund (heute ca. 12 000 Euro) kostete, flogen fast ausschließlich Berühmtheiten und wohlhabende Geschäftsleute mit ihr, darunter Elton John, Sean Connery, Paul McCartney und Königin Elisabeth II. Im Jahr 2000 stürzte eine Maschine in Gonesse nahe Paris ab. Die Epoche der *Concorde* war vorüber. Zumindest vorläufig. Die Idee eines „hypersonischen" Flugzeugs, das heißt einer Überschallverkehrsmaschine, ist noch nicht vom Tisch: Airbus, Aeron, Boom, Lockheed Martin und die NASA – sie alle arbeiten am „Son of Concorde". *X-59 Quiet Supersonic Technology aircraft* – so der offizielle Name – soll leiser, sparsamer, schneller und bezahlbar werden. Experten zufolge wird eine neue *Concorde* allerdings noch bis 2030 auf sich warten lassen.

Museen zum Thema Luftfahrt:

Deutschland:

DEUTSCHES MUSEUM
Flugwerft Schleißheim
Effnerstraße 18
85764 Oberschleißheim
www.deutsches-museum.de

DEUTSCHES TECHNIKMUSEUM BERLIN
Abteilung Luft- und Raumfahrt
Trebbiner Straße 9
10963 Berlin-Kreuzberg
www.technikmuseum.berlin

FLUGAUSSTELLUNG HABERSBERG 1
54411 Hermeskeil
www.flugausstellung.de

HUBSCHRAUBERMUSEUM BÜCKEBURG
Sablé-Platz 6
31675 Bückeburg
www.hubschraubermuseum.de

LUFTFAHRTMUSEUM
LAATZEN-HANNOVER e.V.
Ulmer Straße 2
30880 Laatzen
www.luftfahrtmuseum-hannover.de

MILITÄR HISTORISCHES MUSEUM
(LUFTWAFFENMUSEUM)
Flugplatz Berlin-Gatow
Am Flugplatz Gatow 33
14089 Berlin
www.luftwaffenmuseum.de

OTTO-LILIENTHAL-MUSEUM
Ellenbogenstraße 1
17389 Anklam
www.lilienthal-museum.de

STIFTUNG DEUTSCHES SEGELFLUGMUSEUM
MIT MODELLFLUG
Wasserkuppe 2
36129 Gersfeld/Rhön
www.segelflugmuseum.de

TECHNIK MUSEUM SINSHEIM
Museumsplatz
74889 Sinsheim
www.sinsheim.technik-museum.de

Österreich:

FLUGMUSEUM AVIATICUM
Ferdinand Graf von Zeppelinstraße 1
A-2700 Wiener Neustadt
www.aviaticum.at

Schweiz:

AIR FORCE CENTER
Überlandstrasse 271
CH-8600 Dübendorf
www.airforcecenter.ch

FLIEGERMUSEUM ALTENRHEIN
Flughafenstrasse 11
CH-9423 Altenrhein
www.fliegermuseum.ch

VERKEHRSHAUS DER SCHWEIZ
Lidostrasse 5
CH-6006 Luzern
www.verkehrshaus.ch

QUELLEN

Aeronautical Information Publication (AIP), Belgien 2019

Decré, B., Association La recherche de l'oiseau blanc, Blog 2019

Decré, B., „Cold Case“, in: Portland Monthly Magazine, Portland 2013

Decré, B., Mongaillard, V., L'Oiseau blanc, L'enquête vérité, Paris 2014

Karpels, L., opleiding PPL, BAFA Ben Air Flight Academy, Antwerpen 2017

Pretor-Pinney, G., The Cloud Collector's Handbook, Sceptre 2009

Dale Reed, R., Wingless Flight: The Lifting Body Story, Kentucky 2014

Springer, Anthony M., Design in lucht- en ruimtevaart, Hilversum. 2003

Tangye, N., Teach Yourself to Fly, Teach Yourself series, London 2017

The Spelling Alphabet, ICAO, annex 10, Vol II, 1955

Vanhoenacker, M., Hoe land je een Flugzeug?, Houten 2018

Vlaamse Zweefvlieg Academie (VZA), basisopleiding zweefvliegen, Ravels 1981

www.nasa.gov/centers/dryden/history/pastprojects/Lifting/index, 2017

www.planeandpilotmag.com/article/piper-archer-50-years-and-counting, 2016

DANK

Mein Dank gilt meinen Eltern, die ihren sechzehnjährigen Sohn Flugstunden absolvieren ließen, Philippe Barbaix für die angenehmen Stunden über den Wolken, bei denen er mich, die eingeschlafene Flugmikrobe, wieder zum Leben erweckt hat, und meinem Flight Instructor (FI) Daniël Poelman für seine Geduld im Cockpit und weil er mein Manuskript von Fehlern befreit hat.

Der Gerstenberg Verlag dankt Henrik Lührs, Meerbusch, für die fachliche Durchsicht.

BIOGRAFIE

Jan Van Der Veken hat Design und Typografie an der Sint-Lucas-School of Architecture in Gent studiert. Er betreibt sein eigenes Design-Studio, Fabrica grafica, und hat sich mit seinem retro-futuristischen Stil auch international als neues aufregendes Talent einen Namen gemacht. Seine Arbeiten waren und sind im In- und Ausland in zahlreichen Ausstellungen zu sehen, in Zeitungen und Zeitschriften wie *The New Yorker* und auf Plakaten abgedruckt. 2013 erschien bei Gestalten in Deutschland seine erste Monografie. 2016 erhielt er den *Cultuurprijs* seiner Heimatstadt Gent.

FLANDERS LITERATURE

Dieses Buch wurde mit Unterstützung
der Flanders Literature herausgegeben
(flandersliterature.be).

Die Originalausgabe erschien 2019 unter dem Titel
Het vliegtuigenboek
bei Uitgeverij Lannoo

www.lannoo.com

Übersetzung: Birgit Erdmann, Berlin
Printed in Poland
www.gerstenberg-verlag.de

ISBN 978-3-8369-6086-1

MIX
Papier aus verantwortungsvollen Quellen
FSC® C018236